BIBLIOTHÈQUE
DE PHILOSOPHIE CONTEMPORAINE

L'IDÉE
SPIRITUALISTE

PAR

ROISEL

PARIS

ANCIENNE LIBRAIRIE GERMER BAILLIÈRE ET Cᵉ

FÉLIX ALCAN, ÉDITEUR

108, BOULEVARD SAINT-GERMAIN, 108

1896

L'IDÉE

SPIRITUALISTE

DU MÊME AUTEUR :

La Substance, essai de philosophie rationnelle. 1 volume in-18 jésus de la *Bibliothèque de philosophie contemporaine.* 2 fr. 50

Coulommiers. — Imp. PAUL BRODARD. — 442-96

L'IDÉE
SPIRITUALISTE

PAR

ROISEL

><><

PARIS
ANCIENNE LIBRAIRIE GERMER BAILLIÈRE ET Cie
FÉLIX ALCAN, ÉDITEUR
108, BOULEVARD SAINT-GERMAIN, 108

—

1896
Tous droits réservés.

INTRODUCTION

—

L'auteur de ce petit volume a voulu retracer brièvement ce que fut l'idée spiritualiste à son origine, et quelle part ont eue, dans la formation des religions modernes, les croyances des premiers temps, faites de craintes et du besoin de protection.

Il n'est pas non plus sans intérêt de rechercher quelle fut l'influence de ces conceptions primitives sur les destinées de l'humanité.

L'IDÉE SPIRITUALISTE

PREMIÈRE PARTIE

CHAPITRE PREMIER

LE CULTE DES ESPRITS

L'idée spiritualiste apparut dans l'humanité dès les temps quaternaires. Les périodes chelléenne et moustérienne n'en ont pas laissé de témoignage, mais l'on a trouvé dans les couches solutréennes des amulettes et des talismans présentant les plus grands rapports avec les objets de même nature dont quelques tribus océaniennes et africaines font encore usage aujourd'hui. Cette similitude dénote, de part et d'autre, un même état cérébral dont résultèrent des aptitudes et des croyances analogues; de sorte qu'en recherchant quelles sont les idées religieuses actuelles des indigènes de l'Afrique, l'on peut entrevoir celles qui, selon toute probabilité, hantaient le cerveau des populations solutréennes. Nous connaîtrons ainsi les premières conceptions de l'homme dans le domaine de ce qu'on appelle le surnaturel.

Le nègre se figure que les corps de la nature sont habités par des esprits qui agissent comme lui volontairement. Il attribue tout ce qui lui arrive d'heureux ou de malheureux au pouvoir de ces entités, et adopte pour fétiche le premier objet venu, lui demandant de le défendre contre l'infortune. Il en fait son dieu tutélaire, le gardien de son habitation, ou bien il le porte sur lui comme un talisman. En cas de malheur, il recourt aux sorciers qui, par leurs maléfices, doivent conjurer les mauvaises influences. Le malheur persistant, il change de fétiche; et, si le nouveau ne répond pas à l'idée qu'il s'est faite de son pouvoir, il en change encore. D'après Dapper et des Marchais, les nègres ont la terreur de toutes les forces inconnues, qu'ils identifient avec le mal; ils conjurent par des offrandes la haine des esprits malfaisants, auteurs de la maladie et de la mort, et s'efforce... de la détourner sur autrui.

Les races primitives s'étaient crues de même à la merci de puissances, qui devaient aimer à voir souffrir, puisque tant de douleurs existent en ce monde. Comme la somme des maux leur paraissait être toujours à peu près égale, elles espéraient se sauvegarder en torturant de nombreuses victimes, et faisant ainsi la part du malheur, elles élevaient vers leurs dieux des mains couvertes d'un sang de propitiation. Encore aujourd'hui, chez les Gingirains, peuple de l'Afrique occidentale, quand on abat l'arbre qui doit soutenir le trône du roi, on coupe la tête au premier homme venu; avant que le roi habite sa nouvelle demeure, on tue encore un homme pour teindre de son sang les portes de l'habitation et conjurer l'infortune.

La conséquence de ces premières conceptions spiritualistes fut la croyance aux spectres. Après s'être imaginé que tous les corps de la nature sont habités par des esprits, les Couschites furent conduits à penser qu'eux-mêmes servaient de résidence à un esprit particulier auquel ils attribuaient une existence d'outre-tombe douée pendant quelque temps de sensibilité et de pouvoir. Le même tombeau devait recevoir le corps et l'esprit; privé de sépulture, ce dernier errait sous la forme de fantôme, en demandant le repos, et devenait malfaisant. Après la mort des hommes puissants, les esprits que l'on croyait avoir habité en eux étaient vénérés comme des génies tutélaires. Ces peuplades primitives firent des dieux des chefs dont elles se rappelaient les bienfaits; elles n'admettaient pas que ceux qui avaient eu le pouvoir de les protéger pussent les laisser sans secours.

« Le sacrifice, écrit M. G. Le Bon, vient du besoin d'apaiser des dieux que l'on croyait toujours en courroux, et aussi du désir d'être agréable aux mânes des morts. On supposait que les hommes, en quittant cette terre, éprouvaient dans leur nouveau séjour des besoins identiques aux besoins éprouvés pendant la vie. On offrait des aliments délicats, des armes, des femmes et des esclaves, puisque ces êtres chers et redoutables étaient réduits à l'état d'ombres. C'est

aussi à l'état d'ombres qu'on leur offrait des offrandes ;
les objets étaient enterrés ou brûlés avec eux, les
victimes étant immolées sur leurs tombeaux [1]. »

Ces croyances ne pouvaient apparaître que dans
l'enfance de l'humanité, lorsque l'imagination était
encore sa faculté dominante. Mais, avec le temps,
en présence du renouvellement régulier de la plupart des phénomènes, certaines races placèrent les
esprits qui étaient censés gouverner les corps de la
nature sous la dépendance d'une divinité suprême,
en qui se confondirent toutes les forces malfaisantes,
et que l'on supposa d'autant plus à craindre que sa
puissance était plus grande. Tel fut le dieu primitif,
le Moloch, adoré sous des noms différents par la plupart des tribus couschitiques et sémitiques. On couvrait ses autels de sang humain pour assouvir sa
haine et procurer quelques jours de sécurité aux
bourreaux ; les victimes les plus pures étaient celles
que l'on supposait devoir le mieux satisfaire sa
cruauté.

Nous retrouvons ces sacrifices anciennement pratiqués dans le monde entier et jusque chez les populations que les Aryas refoulèrent dans les montagnes
de l'Indoustan. Pour les Couschites, Dieu était le
mal ; et les Sémites l'identifièrent avec le feu, le plus
redouté de tous les fétiches. C'était le souverain
maître qui se délecte à l'odeur du sang répandu ; et,
comme quelques nègres le font encore, les Hébreux
teignaient du sang de rachat le seuil de leurs demeures. L'unité de ces coutumes atteste la confor-

1. G. Le Bon, *Les premières civilisations*, p. 86.

mité des croyances; et rien n'est plus significatif que l'identité de certains usages.

Par provision, chacun devait, dès l'enfance, payer un tribut à la haine de son Moloch, et s'affranchir des infortunes futures en versant quelques gouttes de son propre sang. Telle fut l'origine de la circoncision. Les Égyptiens la pratiquaient; les nègres de Jaidah, ceux de Guinée et de l'Afrique occidentale l'ont conservée; ce rite est si ancien parmi eux que l'explication ne leur en est pas demeurée; ils prétendent seulement suivre la tradition des ancêtres. Dans le nord de l'Australie, quelques tribus se circoncisent comme en Afrique; d'autres s'arrachent une dent; chez d'autres encore les femmes se coupent les deux premières phalanges du petit doigt de la main gauche.

Ce culte fut celui des populations de l'Amérique, de l'Europe, de l'Afrique et de l'Asie occidentale; et sa formule la plus élevée fut le sabisme, c'est-à-dire l'adoration des esprits qui gouvernent les astres. Le molochisme[1] qui l'accompagnait résultait fatalement des aptitudes intellectuelles de ces races et des conceptions qui en furent les conséquences. Pendant des milliers d'années la croyance en la nécessité des sacrifices humains pour racheter sa propre vie, pesa sur le monde comme un fléau.

Une seule race ne connut pas ces rites sanguinaires. L'Aryen avait une disposition cérébrale autre que celle des races plus anciennes, et le spectacle de

1. J'appelle molochisme, toute doctrine enseignant la nécessité de répandre le sang, pour conjurer la malfaisance des dieux.

la nature éveillait en lui des idées absolument différentes [1]. Il considérait la succession des phénomènes
comme les révélations temporelles d'une substance
universelle dont les forces diverses constituèrent à
ses yeux une foule d'entités qui, tour à tour, se confondirent et se séparèrent. Il suivait cette conception
dans l'infinie variété de la nature, où tout s'enchaîne,
où tout est un et multiple à la fois. C'est le divin, et
non la divinité indépendante de l'univers qu'il com-
prit; et jamais il n'aurait imaginé que ce divin pût
lui être hostile.

Les religions aryennes sont toutes la glorification
de la nature; dans le molochisme, au contraire,
l'homme est le jouet d'une puissance supérieure,
perpétuellement hostile, que le sang versé peut seul
satisfaire. Partout où les Aryens pénétrèrent, ils rencontrèrent ces rites barbares établis depuis des
siècles. Ils trouvèrent dans les Indes le culte de
Moloch sous le nom de Siva, avec son cortège de
sacrifices humains; et, tout en s'efforçant de réprimer
l'effusion du sang, ils conservèrent le nom de ce
dieu. En Grèce, ils s'unirent aux populations pélasgiques, et adoptèrent leur Dionyse.

Mais l'antagonisme religieux fut toujours pro-
fond entre des races dont l'une considérait l'univers
comme une émanation divine, tandis que les autres
plaçaient hors de la nature des puissances ennemies
dont il fallait incessamment implorer miséricorde.
Les nations résultant du mélange des Aryens avec
les populations molochistes s'affranchirent à la

1. Voir la première note à la fin du volume.

longue de cette terreur; et nous les voyons penchées vers l'une ou l'autre de ces conceptions spiritualistes, selon l'élément qui prédomine dans leur formation. En Europe, les sentiments aryens tendent aujourd'hui à dominer; et nous commençons à secouer les superstitions qui, pendant des milliers d'années, firent trembler l'humanité.

CHAPITRE II

LE SCYTHISME

Un essai de cosmogonie qui ne pouvait être que le développement des croyances établies, apparut, avec le temps, chez celle des races anciennes qui la première s'achemina vers la civilisation. La cause unique de toute production étant à ses yeux la génération, l'univers devint le résultat de l'union de deux principes coéternels mâle et femelle. Le premier seul actif fut considéré comme une force ignée, résidant au ciel, et toujours agissante; le second passa pour inerte et obscur; c'était la nuit primordiale, la matière incessamment fécondée par son inséparable époux; et de leur union provint le premier phénomène, la lumière. Cette hypothèse régnait sur l'ancien monde au commencement des temps historiques, et fut le fondement des religions de l'antiquité classique.

Dans toutes les contrées où cette doctrine s'est étendue, l'on trouve soit des monuments dits cyclopéens, soit des vestiges des mêmes notions astronomiques, et les débris d'une industrie identique, ainsi que le démontre le bronze préhistorique. Un seul peuple dut être le propagateur de cette industrie, et, en recherchant le point de départ de l'usage du bronze, il est possible de connaître quel fut celui d'une civilisation, la plus ancienne certainement dont les traces se soient conservées.

La plupart des archéologues reconnaissent aujourd'hui que l'alliage du cuivre et de l'étain dut être découvert non loin des rives de l'Atlantique. Le bronze appartient donc non seulement à la race scythique, mais à une population distincte, cantonnée non loin de la mer, et qui répandit sur le monde ses croyances et ses procédés métallurgiques[1]. Cela est démontré par l'unité de composition des premières armes de bronze et par l'analogie des cultes, caractérisés par la croyance à une dualité primordiale.

Les conquêtes des Scythes occidentaux ont laissé de nombreuses traditions, et plusieurs auteurs anciens parlent de leur extension préhistorique. Justin affirme que, longtemps avant Ninus, les Scythes avaient soumis l'Asie à un tribut. Eusèbe place leur empire immédiatement après Noé : « Le scythisme, écrit-il, domina depuis le déluge jusqu'à la construction de la tour de Babel. » Le Chronicon Pascal le fait également remonter à Noé; et le plus savant des Pères de l'Église chrétienne, Épiphane, divise les erreurs religieuses en quatre grandes familles, dont la plus importante comme la plus ancienne est le scythisme, qu'il place après le déluge.

1. Ne sachant quel nom donner à cette population préhistorique, je me sers du terme général de Scythes. Toute autre dénomination serait trop spéciale, et daterait d'ailleurs des temps historiques.

1.

Les historiens modernes n'ont fait que suivre les anciens. Selon Lenormant, les Scythes se seraient répandus jusqu'à l'Asie centrale; il reconnait l'existence d'un empire septentrional, bien antérieur au développement de la race aryenne, et d'où les nations situées plus au sud auraient tiré leur civilisation. « L'empire scythe, écrit aussi Pinkerton, fut le premier dont il nous soit parvenu quelques souvenirs; mais rien ne peut porter à croire que les Scythes du temps d'Hérodote en avaient conservé la moindre idée. » « Les recherches de la science, dit enfin M. d'Orcet, semblent accuser un élément scythique presque universel dans la civilisation de l'ancien monde. »

D'après la tradition égyptienne, Platon racontait que ces conquérants étaient les habitants de l'Atlantide, dont l'existence n'est plus douteuse [1]. Après avoir subjugué presque tout l'ancien monde, les Atlantes auraient été refoulés par les hordes helléniques lorsqu'elles pénétrèrent en Europe. Les légendes gardèrent le souvenir de cette victoire; la fable s'en empara, et conserva la mémoire des Titans et des Cyclopes métallurgistes.

Quels qu'aient été ces antiques conquérants, nous n'avons ici qu'à constater qu'ils transportèrent jusqu'aux confins de l'Asie le dogme de la dualité. La génération fut considérée comme la cause primordiale, et ses lois furent celles de l'univers. On crut que tout ce qui existe résulte de l'amour d'un premier principe tout de feu pour un second absolument passif, du ciel pour la terre.

1. Voir la seconde note.

Puis, comme les Scythes voulurent représenter ces principes par des emblèmes significatifs, l'organe viril devint l'image du principe fécondant et l'organe féminin celui du principe fécondé. Dès que l'univers eut pour cause supposée une dualité sexuelle, le phallus était la figure la plus rationnelle du principe mâle; aussi son culte fut-il répandu dans tout l'ancien monde, et devint-il universel pendant un temps considérable. Une pierre debout le rappelait grossièrement; et partout où s'étendit la prépondérance occidentale, nous retrouvons les menhirs et les obélisques. Un morceau de bois dressé avait la même signification; quand on le faisait traverser un autre morceau de bois placé horizontalement, on représentait la réunion du phallus et du ctéis, symbolisant la nature ou la vie perpétuelle. Tel fut le lingam primitif offert à l'adoration sous plusieurs formes dont la plus commune fut la croix. On gravait quelquefois des ctéis sur les menhirs, pour représenter l'union des deux principes.

Nous retrouvons ces emblèmes dans les Indes, en Égypte, en Europe, en Amérique; et il est impossible de ne pas admettre qu'ils furent propagés par un seul et même peuple. Ils s'unirent longtemps aux religions qui se développèrent postérieurement, et lorsque les mœurs se modifièrent, lorsque surtout leur signification primitive se perdit, ils demeurèrent au fond des temples gardiens des traditions[1].

Les Scythes, qui répandirent si loin leur division du zodiaque en douze signes, ne pouvaient avoir

1. Voir la troisième note.

négligé ce que l'aspect de la voûte étoilée présente
de plus remarquable. Ils durent être particulièrement
impressionnés par la voie lactée ; et cette constellation
serpentine, qui enserre de ses replis les mondes stellaires, fut considérée comme le soutien de l'univers.
Le serpent devint son emblème, et fut l'objet d'un
culte que les Scythes introduisirent avec celui du
phallus partout où s'étendit leur influence.

Le monument de Carnac tenta par ses proportions
colossales de représenter le grand serpent sidéral.
« En Angleterre, écrit Charton, il existe parmi les
antiquaires une sorte d'école qui croit à une religion
primitive dont le symbole aurait été le serpent, et
dont les temples auraient été construits avec des
pierres levées dessinant sur le sol les replis du reptile. » Aucune de ces pierres n'a été travaillée par la
main de l'homme, et le fait est caractéristique pour
toutes les œuvres de cette époque.

Le plus intéressant de ces *dracontia* est bien certainement celui d'Abury, dans le Wiltshire. Suivant
le docteur Stuckeley, l'ensemble offre la figure d'un
immense serpent qui porte sur la partie moyenne de
son développement un cercle de pierres ayant plus
de 350 mètres de diamètre, et contenant deux autres
cercles plus petits dont l'un entourait un menhir et
l'autre un groupe de pierres recouvertes, comme le
serait un dolmen. Il ne saurait exister aucun doute
sur la signification de ce monument ; et l'on y trouve
le culte scythique dans son symbolisme le plus complet. N'est-il pas évident que l'un des petits cercles
était consacré au phallus, l'autre au ctéis, et que
leur ensemble, délimité par le grand cercle, repré-

sentait un lingam? N'est-ce pas une image de l'univers que porte la voie lactée[1]?

Nous retrouvons partout le serpent avec cette signification parfaitement caractérisée. A Dissichen, dans les Indes, Brahmâ, ou le monde phénoménal, était représenté porté par le serpent[2]. Parfois il était confondu avec le principe mâle; et Cuhuacuhuatl, la mère universelle des Mexicains, est placée près d'un serpent qui paraît la soutenir; absolument comme la Maya des Hindous, l'Isis des Égyptiens, et tant d'autres. Cette figure était familière à tous les peuples dont les ancêtres avaient subi l'influence scythique.

Depuis les rives orientales du Mexique jusqu'aux confins de l'Asie, le serpent était donc adoré. Il l'était dans l'Inde avant l'arrivée des Aryas, et dans l'ancienne Babylonie sous le nom d'Hiouhoa, aussi Zoroastre le plaça-t-il près d'Ormutz. Les Phéniciens et les Égyptiens l'appelaient le grand créateur, et Porphyre dit que de sa bouche sortit l'œuf qui renfermait le monde. Il figure dans la mythologie scandinave, dans le culte des Druides, sur les tombeaux étrusques, à Mexico et à Palanqué.

Apportant chez des nations encore barbares les éléments d'une civilisation commençante, les Scythes devaient être considérés comme des bienfaiteurs, et identifiés avec les emblèmes religieux qu'ils transportaient avec eux; et nous retrouvons des légendes

---

1. Voir la quatrième note.
2. Dans leurs représentations allégoriques, les Indiens plaçaient le lingam, emblème de la vie, au-dessus du monde, soutenu par Véga qui, fort voisine du pôle il y a des milliers d'années, était symbolisée par une tortue. Le tout était enlacé par les replis circulaires d'un grand serpent.

où ces apôtres sont, en langue mythique, des serpents [1]. Partout il est question de serpents qui sont
les gardiens des trésors et les dispensateurs de la
science; nos contes populaires en gardent le souvenir. Après la chute de la domination scythique, le
serpent représentant la race vaincue, devint pour
quelques peuples affranchis l'emblème du mal, et
son culte fut en grande partie détruit.

La ruine de cet empire préhistorique fut la conséquence de l'arrivée en Europe des Aryas, beaucoup
moins civilisés que la race qu'ils refoulèrent [2]; un
bouleversement social qui dura plusieurs siècles s'en
suivit, pendant lequel tout fut confondu, les anciens
métallurgistes dispersés, et bien des procédés industriels perdus [3]. Il ne resta bientôt plus de la prospérité
disparue que quelques vagues traditions. Un groupe
scythique paraît cependant avoir mieux résisté à la
décadence générale, et conservé quelques restes de
la prépondérance des ancêtres. Sous le nom d'Hyperboréens, ce débris du passé paraît avoir joui quelque
temps d'une grande notoriété, et les écrivains grecs
gardèrent le souvenir de leur réputation légendaire.

En résumé, l'idée spiritualiste conduisit l'humanité, du fétichisme à l'hypothèse de l'existence d'un
esprit perpétuellement actif et d'une matière inerte.
Les dieux mâles et femelles de l'antiquité furent des
personnifications de ces deux principes; de là une
multitude de cultes particuliers, la plupart entachés
du molochisme primitif, et dont il est facile de recon-

1. Voir la cinquième note.
2. Voir la sixième note.
3. Voir la septième note.

naître la parfaite identité. Il n'entre pas dans mon sujet d'énumérer les religions anciennes; je rappellerai seulement au lecteur les traditions qui attribuent aux Scythes l'établissement de quelques sanctuaires.

ILITHYIE

D'après quelques auteurs, Ilithyie, venant du Nord, conduisit en Grèce la plus ancienne migration religieuse dont les Hellènes aient gardé la mémoire; et son nom, comme il arriva si souvent, fut donné au principe femelle de la dualité scythique dont elle instituait un culte particulier. Olen considérait Ilithyie comme la première génératrice; d'elle s'écoule la succession fatale des phénomènes dont elle tisse le réseau; aussi l'appelle-t-on la Fileuse.

Cette allégorie se retrouve dans les cultes de toutes les grandes déesses, en réalité toujours la même, adorée sous des noms différents. Vénus, Cérès, Diane, Proserpine, Minerve portaient également le surnom de Tisseuses; et la déesse d'Éphèse était aussi représentée avec une quenouille.

Ilithyie paraît bien la plus ancienne de toutes ces personnifications; aussi sort-elle du cercle poétique de l'Olympe pour se perdre dans la nuit des origines. « Elle est la nuit primitive, dit Creuzer, de laquelle naquirent toutes choses, mais premièrement l'amour comme l'ont chanté Parménide, Hésiode et d'autres poètes après Olen [1]. » Les poèmes orphiques

---

1. L'amour est ici le désir, le besoin d'action, sans lequel l'univers n'existerait pas.

lui donnent le surnom de Brimo, terme où l'on retrouve l'idée de nuit et d'enfantement, et pour attribut un animal nocturne, la souris.

A Athènes, l'ancienne idole en bois de cette déesse, dite l'Obscure ou la Cachée, était enveloppée jusqu'aux pieds; et les prêtres conservèrent à la statue d'or qui lui fut substituée, ce symbolisme primitif. Afin de bien affirmer son caractère d'universalité, ils l'entouraient d'une multitude de signes mythiques que l'on retrouve dans les religions du Nord, de l'Égypte et de l'Asie. Mais le plus souvent les Grecs décomposèrent cette grande unité, et partagèrent entre les nombreuses représentations du second principe, les attributs que, seule, la déesse d'Éphèse conserva toujours.

ARTÉMIS

La ville d'Éphèse possédait l'un des sanctuaires les plus célèbres de toute l'antiquité; il avait été construit pour abriter une idole noire formée par un tronc de bois muni de pieds, et que l'on disait tombé du ciel. Deux bâtons, fixés à la base de la statue, soutenaient les bras étendus horizontalement, ce qui donnait à l'idole la forme d'une croix. Tout le symbolisme ancien se retrouve ici. La couleur noire rappelait la nuit primitive; les bras étendus représentaient les deux principes réunis, la nuit fécondée, la nature active. Son emblème était alors le calathus, sorte de lingam qu'elle porte dans quelques médailles, et analogue à la croix à anse des divinités égyptiennes.

Les Ioniens respectèrent toujours le caractère antique de leur déesse; et, à côté d'autres images, ils conservèrent l'idole primitive sous sa forme androgyne. Parmi les emblèmes dont elle était couverte se voyaient le croissant de lune et des représentations d'animaux : lions, vaches, cerfs, abeilles, écrevisses de mer; puis des combinaisons imaginaires : des griffons et des sphinx; et ses nombreuses mamelles étaient celles d'animaux. Elle portait au cou un double collier de fruits et de fleurs, et quelquefois le zodiaque. Les serpents qui, suivant Pausanias, étaient placés dans sa main révélaient son origine scythique.

Cette idole noire était bien l'image de la nuit primordiale qui enfanta l'univers. Les hymnes d'Olen la confondaient avec Ilithyie, et les Orphiques chantaient la grande mère, prenant plaisir au spectacle de ses innombrables enfants. On la surnommait Priapia, c'est-à-dire épouse du phallus.

LATONE

Une autre personnification du second principe fut Latone qui, des pays septentrionaux, serait arrivée en Grèce sous la forme d'un animal nocturne, la louve. Suivant la tradition scythique [1], les Grecs considéraient cette louve mythique comme la mère du premier phénomène, de la lumière ou du loup; et les prêtres d'Apollon eurent souvent cet animal pour emblème. Les loups, disait-on, conduisirent Latone

1. Tradition qui se retrouve dans l'ancienne religion des Scandinaves.

à Délos; ce furent encore des loups qui la guidèrent jusqu'aux rives du Xanthe.

Les Hellènes adoptèrent l'emblème du loup représentant le soleil. De là le plus ancien nom, en Grèce, de l'année solaire, *lucabos*, la carrière du loup. La Lycie était à la fois la terre du loup et le pays de la lumière; l'Apollon lycien avait trait à ces deux idées. Les plus anciennes médailles d'Argos portaient un loup pour représenter Apollon; et sur une médaille de Carthœa, on voit la partie supérieure d'un loup environnée de rayons.

Les idées de lumière et de loup étaient donc unies soit dans les représentations figurées, soit dans le langage.

L'origine septentrionale du culte de Latone n'est pas douteuse. D'après une tradition, Aryé et Opis, d'origine hyperboréenne, fondèrent l'autel de Délos. Plus tard une seconde migration conduite par deux autres vierges sacrées, Laodicé et Hypéroché, vint y apporter des présents; et pendant longtemps les Hyperboréens firent transporter, de peuplades en peuplades jusqu'à Délos, leurs dons enveloppés dans des gerbes de blé. Ce culte ne paraît pas avoir été entaché de molochisme; ce ne fut jamais des offrandes sanglantes que l'on plaçait sur l'autel d'Apollon, mais les premiers fruits de la terre et des gâteaux en forme de croissant. Une légende conservée par Pausanias dit qu'un petit temple, construit par des abeilles avec des plumes et de la cire, fut envoyé aux Hyperboréens sur l'ordre d'Apollon.

CYBÈLE

Dans les montagnes de la Phrygie régnait un culte dont l'idée première a les plus grands rapports avec ceux de la mère universelle, mais qui en diffère cependant sur certains points, par suite de son contact avec l'ancien sabisme. Atys, personnification du principe mâle, accompagnait constamment Cybèle et les rites de cette dualité célébraient la nature dans ses périodes successives de production et de repos. La puissance génératrice d'Atys était tour à tour perdue et retrouvée; de là des fêtes de deuil et de joie, analogues à celles de Syrie et d'Égypte.

Les Grecs firent entrer cette déesse dans leur Olympe, ainsi que tant d'autres dont la signification était identique; ils donnèrent à toutes les mêmes attributs, et le nom de Ma, la grande mère.

ASTARTÉ

Le principe femelle reçut en Asie les noms les plus divers. On l'appelait Alilath, Lilith, Ammas, Baaltis à Byblos, Salambo à Babylone, Mylitta, Anaïtis et Mythra en Assyrie, Achéra et Astarté en Syrie; noms qui rappellent les idées de nuit, de lune et de maternité. Chacune de ces divinités avait un domicile de prédilection; et dans cette multitude de cultes particuliers se rencontre toujours le dualisme primordial, un principe mâle considéré tantôt comme l'époux, tantôt comme le verbe ou le fils de la nuit substantielle. En Syrie, Baal fut tour à tour l'un et l'autre.

Lorsqu'on voulait réunir les deux principes dans

une seule adoration, on dotait une divinité des deux
sexes, symbole qui se perd dans la nuit des temps
scythiques. L'idole Achéra ou Astarté consistait à
l'origine en un simple tronc d'arbre perpendiculaire, traversant un morceau de bois placé horizontalement. Plus tard, quand l'art se développa, nous
voyons sur des médailles phéniciennes, Astarté sous
la figure d'une femme tenant un bâton terminé par
une croix. Elle était appelée la reine du ciel, et portait les mêmes emblèmes que toutes les déesses analogues.

BAAUT

La cosmogonie de Sanchoniathon reconnaît l'existence de deux principes : la force, Kolpia, vent puissant qui est le souffle de l'esprit, et Baaut, la nuit
obscure, c'est-à-dire la matière considérée d'une
façon abstraite, antérieurement à toute fécondation.
Il n'y avait que ténèbres, lorsque le souffle voulut
féconder la nuit; et le résultat de ce désir fut Mot,
la lumière, le premier phénomène, contenant en
germe toutes les manifestations futures, et représenté par un œuf symbolique [1].

ISIS

Les habitants de l'Égypte restèrent attachés au
culte des esprits jusqu'à l'arrivée d'étrangers qui
apportèrent, avec les éléments d'une première civili-

---

1. Mot est le dieu ouvreur, qui brise l'œuf du monde pour
révéler sa mère. Chez les Chaldéens, Omaroca est ouverte
par son fils Bel, d'où résultent la disparition des ténèbres et
l'apparition de l'univers.

sation, la doctrine des deux principes, base fondamentale de la mythologie égyptienne [1]. On y voit Kneph, l'esprit fécondant, toujours représenté par un souffle, et Neith ou Athor, la nuit primitive, cachée dans les profondeurs du temps et de l'espace, avant l'apparition de Phtha, son fils, le premier phénomène.

D'après Plutarque, Osiris et Isis furent des bienfaiteurs qui, selon Diodore, instituèrent plusieurs choses utiles, notamment la culture des arbres fruitiers et l'usage de l'orge et du froment. Les Égyptiens confondirent ces apôtres civilisateurs avec les dieux qu'ils annonçaient. Isis devint Athor et fut la mère d'Horus, le monde phénoménal. Elle eut tous les attributs du second principe, la lune et la vache, puis deux animaux nocturnes, le hibou et la souris. Son surnom était Moyth, la mère universelle; on la représentait par une statue noire portant, les yeux fermés, son fils Horus.

D'après quelques légendes, le loup joue ici le même rôle que dans le mythe de Latone. Ce furent les prêtres du loup qui protégèrent les Égyptiens contre les Éthiopiens. Osiris apparaît sous la forme d'un loup; le loup se montre près d'Horus, comme près d'Apollon; Danaus, fondateur d'Argos, est protégé par le loup.

Tous les emblèmes scythiques furent d'ailleurs introduits en Égypte. Le phallus y représenta comme partout le principe fécondant de la nature, certains

---

[1]. On a cru longtemps que ces étrangers étaient Éthiopiens ; mais il a été démontré, par l'étude des monuments, que l'invasion remonta le cours du Nil.

vases ou corbeilles en forme de ctéis, le principe
fécondé. Le lingam y fut surtout vénéré; et, sur les
monuments, la croix, avec un renflement significatif,
est placée dans la main des prêtres. Le serpent céleste
était figuré enserrant de ses replis l'œuf du monde.

Les peuples chez lesquels ces doctrines furent
transportées les associèrent aux traditions molochistes qu'ils tenaient de leurs ancêtres. Tous les
dieux et déesses de l'antiquité restèrent pour la plupart des entités cruelles, et les sacrifices furent
réglementés par des cultes sanglants. Tant il est
vrai qu'une croyance, admise pendant un grand
nombre de générations, devient pour ainsi dire
instinctive, et qu'il faut de nouveaux siècles pour
la déraciner.

CHAPITRE III

LE MOLOCHISME

Durant des siècles, l'humanité avait tremblé dans la crainte de puissances invisibles toujours irritées; cette terreur était trop enracinée dans l'esprit des masses populaires pour que le dogme scythique n'en eût pas été pénétré; et sous différents noms, le culte de Moloch fut général à l'aurore des temps historiques. Lorsque les Hellènes pénétrèrent en Grèce, ils se mélangèrent à une population pélasgique fort nombreuse et d'une civilisation supérieure à la leur; aussi les rites religieux établis depuis un temps immémorial continuèrent-ils à être suivis.

Pendant toute l'antiquité un molochisme plus ou moins mitigé régna le long des rives de la Méditerranée[1]; et c'est chez les Sémites, plus à l'abri des invasions aryennes, que l'on peut mieux connaître ce que fut cette doctrine. Les descendants des anciennes races de l'Hindoustan croient encore aujourd'hui que

1. Voir la huitième note.

leurs sacrifices sont plus méritoires quand la mort des victimes est plus douloureuse[1]; les Sémites les faisaient de même périr lentement avec des tortures qui devaient assouvir la cruauté du monstre divin et assurer le salut des bourreaux. On les traînait à l'aide de cordes mouillées entre deux feux ou d'un feu à l'autre, ce qui fut pratiqué par les Chananéens et les Arabes avant qu'ils eussent des idoles métalliques, construites exprès pour ce genre de supplice. Les Sémites brûlèrent jusqu'à leurs premiers-nés, pensant que la satisfaction offerte par ces sacrifices leur serait comptée à plus haut prix.

Le temps ne fit qu'apporter de nouveaux moyens de torture. Les rabbins décrivent le Moloch des Chananéens comme une statue à tête de taureau et à longs bras en forme de croix, sur lesquels le prêtre plaçait l'enfant qui devait être brûlé[2]. Cette description est analogue à celle que nous donne Diodore de Kronos-Saturne, le Moloch de Carthage[3]. C'était une statue d'airain dont les bras, en s'abaissant par un mécanisme, précipitaient, dans la fournaise de l'intérieur, les enfants destinés aux sacrifices; et Photius rapporte que, pour tirer des augures, les prêtres observaient les mouvements d'agonie des victimes.

Plutarque parle avec détails de ces fêtes odieuses[4]. L'enfant était d'abord abondamment nourri, surtout s'il avait été acheté à des parents pauvres par des époux qui n'ayant pas de postérité, voulaient cepen-

---

1. Voir la neuvième note.
2. Dictionnaire biblique, II, p. 119.
3. Diodore, XX, p. 14.
4. Plutarque, *De superst.*, C. 13.

dant se donner le mérite d'un holocauste. Il était
engraissé afin que sa chair fût plus appétissante
pour le dieu. La mère était forcée d'assister à la
mort de son fils, fût-il même son unique enfant, car
sa douleur devait ajouter à l'efficacité du sacrifice.
D'après Diodore, elle ne devait pas verser une larme.

Dans les sacrifices ordinaires, l'animal qui se laissait conduire sans répugnance promettait, au dire de
Tertullien, un meilleur résultat que celui qui résis-
tait[1]. Aussi les parents d'un enfant voué au supplice
le caressaient-ils en l'apportant pour l'empêcher de
pleurer. Des danses et des chants avaient lieu autour
de l'idole, au moment où le malheureux se débattait
sur les bras incandescents du dieu. On jouait de la
flûte, on battait des tambours pour couvrir ses cris[2].

Les Phéniciens sacrifièrent toujours des enfants
pour célébrer leur grande fête de réconciliation avec
Moloch, ainsi que pendant les calamités publiques.
Pour repousser l'armée d'Alexandre, les Tyriens immolèrent un enfant et quelques vieillards[3]. Il en était
de même à Carthage; et pendant une insurrection, le
chef des révoltés crucifia son propre fils[4]. Les Carthaginois crurent avoir été battus par Agatocle parce
qu'au lieu d'immoler comme jadis des enfants de la
noblesse, ils n'avaient brûlé que des garçons achetés;
aussi, quand l'armée sicilienne apparut aux portes de
leur ville, se hâtèrent-ils de jeter sur les bras de leur
Moloch d'airain deux cents enfants appartenant aux

1. Tertullien, *Apolog.*, C. 9.
2. Minuce Félix, *Octav.*, p. 34.
3. Munter, *Relig. des Carth.*, p. 21.
4. Justin, 18, 7.

principales familles [1]; trois cents personnes s'offrirent de plus en holocauste [2].

En Arabie, la tribu dumatienne sacrifiait annuellement un enfant à Moloch; et cette coutume était encore générale dans la contrée au VIIe siècle de notre ère [3]. « Les idoles de la ville de la Mecque les ont séduits, dit le Koran; ils ont tué leurs enfants, et ils ont leur religion pour excuser cette infamie [4]. » Douze habitants de Médine promettent sur serment à Mahomet de ne plus sacrifier leurs premiers-nés.

Toute la race avait le même dieu sanguinaire, analogue au Dionyse pélasgien, et considéré tour à tour comme souverain des mondes céleste, terrestre et souterrain. Dans le premier cas, le soleil et la planète Jupiter lui étaient consacrés; en Arabie, on lui sacrifiait chaque jeudi un enfant non sevré [5]. Mais le plus souvent les Arabes, les premiers Hébreux [6] et les Phéniciens l'adorèrent sous son troisième aspect, le dernier jour de la semaine, jour de Saturne, la moins lumineuse des planètes [7]; de là les idoles noires si communes en Arabie, ainsi que les sacri-

---

1. Porphyre, De abstin., 2, 150.
2. Diodore, 20, 14. — Lactance, Instit., I, 21.
3. Wahl, Le Koran, p. 668.
4. Le Koran, Suze, 6, 16, 43.
5. Wahl, L'introd. du Koran. — Gésénius, Com. d'Isaïe, II, 337 et 344.
6. Bible, Amos, 5, 24.
7. Les Romains appelaient la planète Saturne une étoile dangereuse : Stella nocens (Properse, 4. 1), Sidus triste (Juvénal, 6, 569), Grave in omne caput (Lucain, I, 650). Servius assure que son influence rend stérile (Ad œnc., 3, 141). Les Arabes la nommaient la grande infortune. (Münster, Relig. de Carthage. — Movers, Relig. des Phéniciens, I, 289. — Gœrres, Histoire des Mythes, I, 289.)

fices d'animaux de couleur sombre. Dans un temple
de cette contrée, le prêtre revêtu de vêtements souillés de sang immolait encore, à l'époque de Mahomet,
une victime humaine le dernier jour de la semaine.
C'était le Sabbat sémitique que nous retrouvons en
Syrie[1].

Ali-Taleb rapporte un fait qui établit de la manière
la plus évidente l'origine de la doctrine molochiste.
D'après lui, les Arabes brûlaient chaque samedi un
taureau noir, en prononçant cette invocation : « O toi,
Dieu tout-puissant, tu as la particularité de faire le
mal et non le bien; nous t'offrons donc ce qui te res-
semble. Veuille l'accueillir avec douceur, et ne nous
fais point de mal. » Cette prière rappelle la formule
employée par les Égyptiens dans les sacrifices : « Si
quelque malheur menace ceux qui offrent cet holocauste ou l'Égypte entière, qu'il retombe sur cette
tête[2]. »

« Chaque tribu arabe, écrit A. Maury, désignait le
dieu de la race par un nom particulier, parce qu'elle
se représentait comme étant son peuple particulier,
et jouissant exclusivement de sa protection; et,
tandis que certaines tribus le figuraient sous la
forme d'une idole, d'autres l'identifiaient avec une
étoile[3]. » La Bible parle de plusieurs peuplades voisines des Hébreux dont chacune prétendait être
secourue d'une façon spéciale par son dieu, et lui
demandait la ruine de ses ennemis en échange des

---

1. Gœrres, *Hist. des Mythes*, I, 291. — Movers, *Relig. des Phéniciens.*
2. Hérodote, II, 39.
3. Maury, *La terre et l'homme*, p. 515.

sacrifices qui lui étaient offerts et du sang répandu.
Mais tous ces dieux particuliers avaient des idoles
analogues que ces tribus se volaient les unes aux
autres, quand elles supposaient que le dieu voisin
pouvait être un protecteur puissant. C'est ainsi que
l'arche des Hébreux et l'idole qu'elle renfermait
furent un jour transportés dans un sanctuaire
étranger.

Comme les peuplades africaines dont j'ai parlé
plus haut, les Sémites pratiquaient la circoncision;
ils pensaient conjurer la malveillance d'un dieu toujours irrité en versant dès l'enfance un peu de sang,
et payer leur dette à la mauvaise fortune. D'après la
Bible, le mérite de ce léger sacrifice pouvait même
sauvegarder les parents de l'enfant. Moïse ayant
négligé de circoncire son fils, son dieu vint le trouver
dans une hôtellerie, et voulut le tuer; mais sa femme
s'empressa d'exécuter l'opération, et Moïse fut sauvé[1].
Il y avait donc dans cette pratique un marché conclu
avec Moloch, une sorte de rédemption.

Chez beaucoup de tribus de cette race, les filles,
avant leur mariage, versaient aussi un peu de sang
par la perte de leur virginité. Ce rite bizarre se perpétua principalement chez les Assyriens, dont les
filles devaient subir ce sacrifice, et recevaient un
salaire qui était remis aux prêtres; il est possible
qu'à une époque ancienne cette prostitution sacrée
ait été usitée chez les Hébreux qui pratiquaient déjà
la circoncision.

De tous les peuples sémitiques, les Hébreux sont

1. Bible, *Exode*, 4, 24.

le plus intéressant pour l'historien, et nul ne doit
être étudié de plus près. Il importe de rechercher
s'il avait, comme on le prétend encore, une conception particulière de la divinité, ou si son dieu n'était
pas le Moloch de toute la race, sous un nom particulier à la tribu.

CHAPITRE IV

LES HÉBREUX

On a voulu faire des Hébreux un peuple absolument à part, situé au dehors du courant religieux de l'humanité; mais leur dieu était aussi sanguinaire que ceux des tribus sémitiques voisines, et devait être satisfait par les mêmes sacrifices. Ce fut un des mille Molochs dont le culte décima la haute antiquité [1].

Si celui des Hébreux se signala plus particulièrement par sa cruauté, c'est que l'histoire ne nous a laissé que de lui seul de nombreux témoignages. L'on doit s'étonner cependant que le Pentateuque dont la rédaction date d'une époque relativement récente [2], ait conservé au dieu des Juifs un tel caractère de férocité insatiable. Il y a lieu de croire que la Bible ne nous a transmis les épouvantables barbaries de Jéhovah que pour bien attester sa puissance. Si les peuplades voisines nous avaient laissé

---

1. Voir la dixième note.
2. Voir la onzième note.

leurs annales, il est probable qu'on y trouverait les mêmes descriptions.

Le dieu des Hébreux repousse tous ses rivaux : « Je suis Jéhovah, ton dieu, à toi, Israël [1]. » « Tu ne dois pas avoir d'autres divinités devant ma face [2]. » Jéthro, beau-père de Moïse, s'écrie dans l'Exode : « Je vois que ce Jéhovah est plus puissant que tous les autres dieux [3]. » Il fut en effet un des types les plus complets de cruauté que nous ait laissé aucune tradition.

La Bible le décrit tantôt comme une chose obscure, tantôt comme un feu. Cette contradiction résulte de ce que les Hébreux conservèrent quelque temps les traditions de leur première patrie. Renan les fait sortir de l'Arabie, et le souvenir du Moloch souverain des ténèbres se retrouve dans le Pentateuque. Jéhovah y est souvent considéré comme une nuit profonde. Il se manifeste enveloppé des nuages les plus sombres, et fait sa tente en rassemblant des nuées épaisses. « Moïse s'approcha de l'obscurité où était Dieu [4]. » « Jéhovah s'est caché dans les ténèbres qui l'environnaient [5]. » « Le Seigneur avait promis qu'il habiterait dans une nuée [6]. » On suit cette vieille doctrine jusque dans les évangiles. « Il parut dans une nuée, dit saint Marc, et il sortit de cette nuée une voix qui fit entendre ces mots : « Celui-ci est « mon fils [7]. »

1. Exode, 20, 2.
2. Exode, 20, 3; 34, 14.
3. Exode, 18, 10.
4. Exode, 20, 21.
5. II Rois, 22, 12.
6. II Chroniques, 6, 1.
7. Marc, 9, 6.

Ce dieu aurait pu être représenté par une idole noire, comme chez quelques tribus arabes. C'est lui qui lutte la nuit avec Jacob, et lui crie de le laisser partir parce que l'aube commence à poindre. Il était analogue au Camos des Moabites et des Ammonites, adoré sous l'image de la planète la moins lumineuse; et nous avons vu que les Arabes lui sacrifiaient des victimes humaines le samedi, jour consacré à cette planète. C'était leur sabbat, dont héritèrent les Hébreux. D'après le livre d'Hénoch, le château où réside Jéhovah est situé au septième ciel, dans Saturne[1].

Mais parallèlement à ce culte, beaucoup de tribus sémitiques avaient identifié leur dieu terrible avec le feu, grand fétiche de leurs ancêtres. Les Hébreux voyaient aussi dans le feu dévorant le maître universel qu'ils adorèrent principalement sous cet aspect, et leur idole fut une fournaise toujours avide de victimes. Jéhovah apparaît à Abraham comme un four d'où sortait de la fumée[2]. C'est ce brasier qui est Jéhovah; et c'est au feu que l'on offrait des holocaustes, car le dieu se nourrissait de leur chair en la consumant. « Un feu sorti du Seigneur, dit le Lévitique, dévora l'holocauste et les graisses qui étaient sur l'autel[3]. »

Au Sinaï, Jéhovah est un feu qui inspire l'effroi : « Alors le Seigneur apparut à Moïse dans une flamme de feu[4]. » « Le Seigneur vous parla à Horeb du

1. Hoffmann, *Le livre d'Hénoch.* — Eisenmenger, II, 346.
2. Genèse, 15, 17.
3. Lévitique, 9, 24.
4. Exode, 3, 2.

milieu du feu [1]. » « Ce qui paraissait de cette gloire du Seigneur était comme un feu ardent au haut de la montagne [2]. » « Le Seigneur, votre Dieu, est un feu dévorant et un dieu jaloux [3]. » Le récit que nous donne le Pentateuque de l'entrevue de Moïse avec Jéhovah ne laisse aucun doute sur la nature de celui-ci : « Tout le Sinaï était couvert de fumée parce que le Seigneur y était descendu au milieu des feux. La fumée s'en élevait comme d'une fournaise [4]. »

Moïse érigea un autel et l'appela l'éternel [5]. C'était un autel creux [6], qui contenait le feu divin [7], et dont la forme devait être celle des idoles à tête de taureau, usitées chez les tribus chananéennes [8]. L'on peut voir dans les cornes d'airain qui garnissaient les coins de l'autel du temple de Jérusalem, le souvenir des cornes du Jéhovah des anciens Hébreux [9]. De même qu'on couvrait primitivement l'idole-fournaise d'huile et de sang, de même les cornes de l'autel du temple étaient arrosées d'huile et de sang.

1. Deutéronome, 4, 15.
2. Exode, 24, 17.
3. Deutéronome, 4, 24.
4. Exode, 19, 18.
5. Exode, 17, 15.
6. « Vous ne ferez point l'autel solide, mais il sera vide et creux au dedans, selon le modèle qui vous a été montré sur la montagne. » (Exode, 37, 8.)
7. « Vous ferez pour l'usage de l'autel des vaisseaux qui serviront à recevoir les cendres, des tenailles, des pincettes, des crocs; et vous ferez toutes ces choses en airain. Vous ferez une grille d'airain, et vous la mettrez au-dessous du foyer de l'autel. » (Exode, 27, 3 et 4.)
8. Eusèbe, *Præp.*, 3, 11. — Le Moloch des Ammonites avait la forme d'une statue creuse en airain, avec une tête de bœuf.
9. Descendant du Sinaï, Moïse portait les cornes, insignes de son dieu.

Pendant ses déplacements, Moïse enfermait son idole dans une boîte [1], appelée par la Bible la maison de la loi, si l'on traduit par loi le mot obscur *éduth*; mais quelques auteurs lui donnent une autre signification, et le font dériver d'*ed*, chef. En ce sens, le mot se retrouve chez les Phéniciens, et voulait dire : prince suprême. Cette étymologie est d'autant plus vraisemblable qu'à cette époque, l'écriture étant inconnue en Palestine, l'arche ne pouvait contenir les tables de la loi.

L'Exode contient d'ailleurs un passage attestant que l'arche des Hébreux renfermait bien le dieu de la tribu. « Moïse dit à Aaron : « Prends un vase et « mets-y un gomer de cette manne, et place cela « devant l'Éternel. » Aaron fit comme Moïse avait dit, et le plaça devant l'arche [2]. » Il est évident que l'auteur de cette chronique ne considérait pas des tables de pierre comme un dieu, et n'aurait pas fait tenir ce langage à Moïse, si Jéhovah n'avait pas été dans l'arche.

Le Pentateuque ne représente pas seul ce dieu comme un feu ardent; le livre des Rois dit de même : « Des flammes jaillissent de ses narines, et des charbons enflammés pétillent en lui [3]. » Il est impossible de parler plus exactement de l'idole creuse contenant le brasier qui consumait les victimes. Isaïe s'écrie : « Voilà la majesté du Seigneur qui vient. Il paraîtra dans une fureur ardente dont nul ne pourra sup-

---

1. Ces arches furent assez communes. L'idole égyptienne de Paphénis, une variété du Typhon, était enfermée dans une arche en bois doré (Hérodote, 2, 63).
2. Exode, 16, 33.
3. II Rois, 22, 9.

porter l'éclat, et sa langue est comme un feu dévorant[1]. » « L'ancien des jours, dit Daniel, est assis sur un trône; son vêtement est blanc comme la neige; son trône est une flamme; les roues de ce trône sont des flammes qui jettent des étincelles; un fleuve de feu sort de lui[2]. » « Notre Dieu, dit enfin saint Paul, est une flamme qui engloutit[3]. »

Il est donc incontestable que le feu a été le dieu primitif des Hébreux. C'est le Moloch de toute la race, auquel chaque tribu donnait un nom différent, et dont le culte était partout aussi sanguinaire; mais nulle part il ne revêtit le caractère de férocité que nous voyons dans la Bible.

Au moindre écart des Israélites, Jéhovah ne songe qu'à massacrer; il ordonne de les tuer par milliers, en fait périr plus de quatorze mille par une épidémie, et des centaines par la morsure des serpents. Dans un accès de colère, il veut les faire s'entretuer : « Passez à travers le camp, d'une porte à l'autre, et que chacun tue son frère, son ami et celui qui lui est le plus proche[4]. » « Ma fureur, s'écrie-t-il un autre jour, s'est allumée contre eux comme un feu. Je les accablerai de maux. La famine les consumera; et des oiseaux de carnage les déchireront par leurs morsures cruelles. J'armerai contre eux les dents des bêtes farouches[5]. »

1. Isaïe, 30, 27.
2. Daniel, 7, 9. — Cette description rappelle le Saturne-Kronos, le Moloch des Carthaginois, adoré sous le nom de l'ancien des jours. (Munter, *Relig. des Carth.*)
3. Paul, *Épît. aux Hébr.*, 12, 29.
4. Exode, 32, 27.
5. Deutéronome, 32, 22.

Quant aux peuples étrangers, Jéhovah ordonne de tout exterminer; il promet de détruire les sept peuples chananéens qui habitaient la Palestine : « Vous saurez aujourd'hui que le Seigneur, votre Dieu, passera lui-même devant vous comme un feu dévorant et consumant, qui réduira vos ennemis en poudre, les exterminera en peu de temps[1]. » Afin d'assouvir sa cruauté, il use de perfidie, suggère l'orgueil à ses victimes pour mieux les frapper, et se vante d'avoir inspiré de faux prophètes afin qu'Ahab se perdît en suivant leurs conseils. Il ordonne de massacrer à Jéricho, hommes, femmes, enfants et tous les animaux[2]. C'est une folie furieuse.

Les Hébreux appelaient *chérem* ce qui devait être immolé; le Deutéronome parle d'une ville chérem qui fut brûlée et dont tous les habitants furent offerts en holocauste[3]. Selon Wiéner[4], Michaelis[5] et Vatke[6], une personne *chérem* était infailliblement vouée à la mort. Aussi Saül n'ayant pas voulu exécuter en son entier l'ordre de massacre donné par Samuel, se voit abandonné par ce prêtre sanguinaire qui poussa le zèle religieux jusqu'à couper lui-même en morceaux le prisonnier que le roi avait épargné. David était bien plus que Saül un bourreau selon l'esprit du Seigneur : « Il prit la ville de Rabbah; et ayant fait sortir les habitants, il les coupa avec des scies,

---

1. Deutéronome, 9, 3.
2. Josué, 6, 21.
3. Deutéronome, 13, 17.
4. Wiéner, *Dict. de la Bible*, I, 156.
5. Michaelis, *Droit de Moïse*, 3, 145; 5, 246.
6. Vatke, *Histoire de la religion de l'Ancien Testament*, I, 278.

fit passer sur eux des chariots avec des roues de fer, les tailla en pièces avec des couteaux et les jeta dans des fours où l'on cuit la brique. C'est ainsi qu'il traita toutes les villes des Ammonites [1]. »

La Bible contient la description de plusieurs autres exécutions épouvantables, et cette ardeur homicide emporte jusqu'au prophète Isaïe, qui veut que les Hébreux fassent périr les autres peuples dans un holocauste monstrueux; Jéhovah les aurait créés pour qu'ils fussent immolés en expiation des péchés d'Israël. « L'indignation du Seigneur va fondre sur toutes les nations, sa fureur sur toutes leurs armées [2]. » L'espérance de Jérémie est la même : « Ce jour-là est à Dieu, Jéhovah-Sabaoth, pour se venger de ses ennemis; le glaive les dévore, se rassasie de leur chair et s'enivre de leur sang; car c'est un festin pour Dieu, Jéhovah-Sabaoth [3]. »

Il est naturel que le culte d'un dieu avide de tels festins ait été semblable à celui des autres Molochs par le rite le plus fondamental : les sacrifices humains. Les Hébreux immolaient sans doute des animaux en grand nombre, mais l'homme était toujours considéré comme l'offrande la plus efficace; et le sacrifice de Madad et d'Abin, fils d'Aaron, consumés par les flammes de l'autel, est concluant : « Un feu étant sorti du Seigneur les dévora [4]. » Ce Seigneur était Jéhovah, l'idole embrasée.

Le vœu de Jephté est clair. « Seigneur, si vous

---

1. II Rois, 12, 31.
2. Isaïe, 34, I.
3. Jérémie, 46, 10. (*Traduction de Cahen.*)
4. Lévitique, 10, 2.

livrez entre mes mains les enfants d'Ammon, je vous offrirai en holocauste le premier qui sortira de la porte de ma maison[1]. » C'était toujours l'idée molochiste, le sacrifice de la vie d'autrui pour son propre salut. Mésa, le chef des Moabites, assiégé par les Israélites, brûla son fils aîné; et ceux-ci se retirèrent, car après un tel holocauste, l'ennemi devait être victorieux[2].

L'offrande réputée la plus agréable à Jéhovah, et par suite la plus efficace, fut toujours celle des enfants; et cette atrocité était d'un usage aussi fréquent chez les Hébreux que chez les autres peuples sémitiques. Malgré les modifications que les prêtres d'Esdras introduisirent dans les chroniques qu'ils collationnèrent et dont je parle dans une note, le Pentateuque renferme encore assez de passages qui ne laissent aucun doute sur l'existence de ces anciens rites.

On lit dans l'Exode : « Consacrez-moi tous les premiers-nés parmi les enfants d'Israël, tant des hommes que des bêtes, car tout m'appartient[3]. » « Tout mâle qui sort le premier du sein de sa mère sera à moi[4]. » Ces immolations étaient de tradition fort ancienne. On consumait l'enfant selon le mode chananéen, c'est-à-dire vivant[5]; et, d'après le rabbin Siméon, ils étaient sacrifiés à peu près à la manière des Carthaginois[6]. Cela explique le mot de la femme

1. Juges, 2, 31.
2. II Rois, 3, 27.
3. Exode, 13, 2.
4. Exode, 34, 19.
5. Flavius Joseph, *Hist. des Juifs*, 9, 12.
6. Jalkut, 2, 113.

juive, dont parle un livre talmudiste, qui se préci-
pita un jour sur l'autel où l'on brûlait les victimes,
et le frappa de son soulier en criant : « O toi, maudit
loup, combien de temps encore mangeras-tu les trésors d'Israël [1]? »

Quelques commentateurs ont soutenu que depuis
l'alliance contractée entre Jéhovah et Abraham, les
premiers-nés des enfants des Hébreux ne périssaient
plus, que l'exemple de cette clémence avait été donné
par ce patriarche, et que ses descendants rachetaient
leurs aînés au moyen de l'immolation' d'un animal.
Mais la prescription de la Bible est formelle ; elle
n'établit aucune différence entre les premiers-nés
des hommes et ceux des animaux; et il n'y a pas
trace dans le Pentateuque que Moïse ait fait un effort
pour affranchir son peuple de cette obligation.
D'autres écrivains disent que Jéhovah réclamait les
premiers-nés pour être consacrés au service de
l'autel et devenir des lévites; c'est du moins l'explication qui fut introduite dans le livre des Nombres [2].
L'insertion en tout cas était maladroite, car les
lévites appartenaient tous à la même tribu, et ne
formèrent un corps sacerdotal qu'après la captivité.

Les prêtres d'Esdras conservèrent l'ancienne loi,
trop connue pour n'être pas rappelée, mais ils défen-
dirent de l'exécuter [3], et reprochèrent aux Chananéens d'y avoir obéi : « Vous ne rendrez point,
firent-ils dire au Deutéronome, de semblable culte
au Seigneur votre Dieu, car les nations dont vous

1. La Soucca.
2. Nombres, 3, 12.
3. Deutéronome, 24, 16.

allez posséder le pays ont fait pour leurs dieux toutes
les abominations que le Seigneur a en horreur, en
leur offrant leurs fils et leurs filles, et les brûlant
dans le feu [1]. » « Vous ne donnerez point de vos
enfants pour être sacrifiés sur l'autel du Moloch [2]. »
Ces ordonnances si nombreuses témoignent que, du
temps de la rédaction de la Bible, il était encore
besoin de combattre les anciens rites.

Malgré sa partialité pour les Hébreux, Renan convient de la réalité de ces sacrifices d'enfants. Il écrit
dans son histoire de ce peuple : « L'offrande des pré-
mices et par conséquent des premiers-nés à la divinité fut une des idées les plus anciennes des peuples
dits sémitiques. Moloch et Iahvé en particulier étaient
conçus comme le feu qui dévore ce qui lui est offert,
si bien que donner à Dieu, c'était donner au feu à
manger. Ce qui était mangé par le feu était mangé
par le dieu. Moloch fut un affreux taureau de feu ;
offrir les premiers-nés à Moloch, c'était les offrir au
feu [3]. »

D'autres rites complétaient ce culte abominable.
Outre ces sacrifices de rachat et la circoncision, les
Hébreux croyaient se laver de toute souillure par
trois procédés : le contact du feu divin, celui du sang
de la victime de propitiation, et surtout la chair de
cette victime, dont ils devaient chaque année manger
une parcelle.

Dans tous les pays où régna le molochisme, le feu
fut toujours considéré comme un agent de purifi-

1. Deutéronome, 12, 31.
2. Lévitique, 18, 21.
3. Renan, *Hist. du peuple d'Israël*, I, p. 120.

cation; et la Bible se sert souvent de l'expression :
passer un enfant par le feu, qu'il ne faut pas confondre avec les sacrifices de rédemption. C'était un
baptême que tous devaient subir; on se contentait
d'une action symbolique, en balançant à deux ou
trois reprises l'enfant au-dessus de la flamme; plus
tard, on le porta pendant quelques pas entre deux
feux. L'attouchement du dieu était donc une sancti-
fication; et cette croyance se perpétua : « L'un des
Chérubins, dit Isaïe, prit un charbon de feu avec
des pincettes de dessus l'autel, et m'en toucha la
bouche [1]. » Nous retrouvons dans saint Luc : « C'est
lui qui nous baptisera par le feu [2]. »

La purification par le sang remonte également aux
temps les plus anciens. La victime étant réputée
sanctifiée par le dieu qui la consume, son sang devait
avoir une vertu infaillible; et le Pentateuque nous
fournit de nombreux exemples de cette doctrine.
Moïse asperge le peuple avec le sang de l'holocauste
et s'en sert pour absoudre et consacrer : « Mets
quelques gouttes de sang, lui dit Jéhovah, sur le lobe
de l'oreille droite d'Aaron et de ses fils, et sur le
pouce droit de leurs mains et de leurs pieds [3] ». Après
quoi, il ordonne encore d'arroser de sang les vêtements d'Aaron et de ses fils [4].

Un certain nombre d'Océaniens s'imaginent encore
aujourd'hui s'assimiler les qualités de leur ennemi
en le mangeant; les Hébreux crurent de même que

1. Isaïe, 6, 6.
2. Luc, 3, 16.
3. Lévitique, 16, 15.
4. Exode, 29, 16 à 21.

la chair et le sang de la victime offerte à leur dieu
devaient avoir une vertu justifiante, et mangèrent un
morceau de l'enfant immolé pour se sanctifier par
son innocence et les mérites du sacrifice. Sa chair et
son sang devinrent des agents de rédemption, des
truchements sacrés d'une efficacité souveraine. Le
prêtre distribuait cette chair comme une hostie de
grand pardon dont les Israélites mangeaient tous les
ans une parcelle, pour effacer par cette communion
les péchés commis dans l'année. Ce fut leur pessâ'h,
modifié plus tard par les réformateurs qui remplacèrent l'enfant par un agneau; mais la persistance de
l'ancien rite, souvent signalé chez quelques sectes
obscures, ne laisse aucun doute sur son existence
pendant des siècles nombreux [1].

La défense de manger le sang des animaux provenait de la croyance que la vie de toute chair
réside dans le sang [2]. Les Hébreux s'imaginaient que
boire ce sang était s'assimiler une vie inférieure;
aussi le Pentateuque recommandait-il expressément
de s'en abstenir. « Résiste à l'inclination de le
manger. Je veux que tu le verses sur le sol, comme

---

1. L'Exode dit que cette grande fête de rédemption fut
instituée en commémoration d'un acte de clémence de Jéhovah
qui, pris en Égypte de l'un de ses accès de fureur homicide,
épargna les habitants de toutes les maisons dont les portes
avaient été tachées de sang. Cette explication est dérisoire;
mais il était bien dans la tradition molochiste d'attribuer à
l'effusion du sang une idée de rachat; et j'ai parlé plus haut
des nègres de l'Afrique occidentale qui encore aujourd'hui
couvrent de sang humain la porte des cases qu'ils veulent
garantir des mauvais esprits.

2. Lévitique, 17, 11 à 14. — Philon considérait l'offrande du
sang des animaux comme une immolation de l'âme animale
pour l'âme humaine.

de l'eau [1]. » Il s'agissait donc d'un sacrifice humain quand ils couvraient de sang l'autel de leur dieu et leurs vêtements.

L'Exode contient en outre un passage prouvant que les Hébreux se nourrissaient du sang des victimes aussi bien que de leur chair; et les prêtres d'Esdras firent une opposition constante à cet usage, car un animal avait été substitué à l'ancienne hostie [2]. « Vous ne m'offrirez point avec du levain le sang de la victime qui m'est immolée [3]. » Cette défense confirme que, précédémment, les Hébreux mêlaient ce sang avec de la farine, et en faisaient des pains sacrés qui à leurs yeux possédaient une grande vertu sanctifiante. Après la réforme, ce mode de purification n'en persista pas moins, chez les sectes obscures dont je viens de parler.

1. Lévitique, 7, 26 ; 17, 13.
2. Le rabbin qui circoncit un enfant, brûle la peau coupée et suce le sang de la blessure, ce dont il se garderait si ce n'était pas celui d'un être humain. (Maimonide, *More névokim*, III, 49. — Kircher, *Cérém. juives*, p. 162.)
3. Exode, 23, 18.

CHAPITRE V

LE JUDAISME

Tous les peuples molochistes adoucirent avec le temps les rites religieux de leurs ancêtres, mais nulle part la réforme ne rencontra plus de résistance qu'en Palestine, car les Hébreux, peuplade très fermée, conserva plus qu'aucune autre les instincts de leur race. Les prophètes tentèrent les premiers de modifier les coutumes traditionnelles; ils parlaient contre le Moloch-Jéhovah aussi bien que contre le Moloch-Baal, et voulaient renverser les idoles-fournaises quelles qu'elles fussent.

Amos annonce que les cornes de l'autel seront coupées et qu'elles tomberont à jamais [1]. Il fait dire au nouveau Jéhovah qu'il voulait instituer : « Je hais vos fêtes, je les abhorre; je ne puis souffrir vos assemblées [2]. » Et encore : « Maison d'Israël, m'avez-vous offert des hosties et des sacrifices dans le désert,

1. Amos, 3, 13.
2. Amos, 5, 21.

pendant quarante ans? Vous y avez porté le taber-
nacle de votre Moloch, le Kijun, votre idole, et
l'étoile de votre dieu[1]. » Tel avait été en effet le dieu
de Moïse, de Samuel et de David, le Saturne arabe,
le Moloch avide de sang humain contre lequel les
prophètes s'élèveront avec tant de violence.

Osée fait également dire à son dieu : « Je ferai
cesser ses jours solennels, ses nouvelles lunes, son
sabbat et toutes ses fêtes[2]. » « C'est la miséricorde
que je veux, et non le sacrifice; et j'aime mieux la
connaissance de Dieu que les holocaustes[3]. » « Qu'of-
frirai-je au Seigneur, s'écrie Michée, qui soit digne
de lui? L'apaiserai-je en lui sacrifiant mille béliers
ou des miliers de boucs engraissés? Lui sacrifierai-je
pour mon crime mon fils aîné et pour mon péché
quelque autre de mes enfants[4]? » A quoi le prophète
répond que Dieu doit préférer les bonnes actions;
mais il n'eût cependant pas écrit ce passage si les
Hébreux de son temps n'avaient pas sacrifié leurs
premiers-nés.

Ezéchiel adresse ces reproches à Jérusalem : « Vous
avez pris vos fils et vos filles à qui vous avez donné
la vie, et vous les avez sacrifiés à vos idoles en les
faisant dévorer par le feu[5]. » Jérémie parle de même :
« Ils ont bâti les hauts lieux de Thopheth qui est
dans la vallée des fils d'Ennom, pour y consumer

---

1. Amos, 5, 25. — Kijun, ainsi que Ken et Kyn, signifiait la
planète Saturne chez les Babyloniens, les Phéniciens et les
Arabes.
2. Osée, 2, 11.
3. Osée, 6, 6.
4. Michée, 6, 6.
5. Ezéchiel, 16, 20.

leurs fils et leurs filles [1]. » Il attaque tous les cultes molochistes qui avaient pénétré en Palestine, et fait dire à Jéhovah : « Ils ont bâti un temple à Baal pour brûler leurs enfants dans le feu, et pour les offrir à Baal en holocauste; ce que je ne leur ai point ordonné, ni ne leur en ai point parlé, et ce qui ne m'est jamais venu dans l'esprit [2]. » Mais le même Jéhovah dit à Ezéchiel quelques années après : « Je leur ai donné des préceptes qui n'étaient pas bons; je les ai souillés dans leurs présents, lorsqu'ils offraient pour leurs péchés tout ce qui sort le premier du sein de la mère [3]. »

Les prophètes voulaient même que les sacrifices d'animaux fussent supprimés : « Qu'ai-je affaire de cette multitude de victimes que vous m'offrez, dit le dieu d'Isaïe, tout cela m'est dégoût. Je n'aime point les holocaustes de vos béliers, ni la graisse de vos troupeaux, ni le sang des veaux... Je ne puis souffrir vos sabbats et vos autres fêtes. Je suis las de les souffrir. Lorsque vous multipliez vos prières, je ne les écouterai point, parce que vos mains sont pleines de sang [4]. »

Ces tentatives de réforme furent stériles jusqu'au moment où les rois tentèrent à leur tour de modifier le culte du dieu national. Ezéchias, le premier, voulut supprimer l'effusion du sang humain dans la célébration du pessâ'h; mais son entreprise, mal préparée, souleva les Hébreux; et cette opposition suffit

1. Jérémie, 7, 3.
2. Jérémie, 19, 5; 32, 35.
3. Ézéchiel, 20, 26.
4. Isaïe, I, 11 à 15.

pour prouver que le sacrifice institué par ce roi était
fort différent de celui qu'il tentait d'abolir. Le peuple
se moqua de l'innovation [1], et se refusa à remplacer
par un agneau la victime traditionnelle de rédemption. L'absence de toute loi religieuse explique le
prompt retour des Judéens aux coutumes anciennes
que Manassé s'empressa de rétablir après la mort de
son père.

Il importe de se rendre compte de ce qu'étaient à
cette époque les croyances des Hébreux. Depuis Jéroboham, le royaume d'Israël était absolument abandonné aux dieux étrangers, par haine du royaume
de Juda. Dans celui-ci, sur vingt rois, deux restèrent les fidèles adorateurs du Jéhovah de Salomon.
La doctrine molochiste dominait seule et donnait une
sorte de concordance à tous ces cultes qui alternaient
fréquemment. Jamais avant cette époque les Hébreux
n'eurent d'unité dans les rites, et les prescriptions
qui furent plus tard attribuées à Moïse, étaient inconnues. Il n'y avait pas de code religieux; chacun ado-
rait ou servait son dieu à sa guise, lui sacrifiait isolément ou par groupe.

Josias fut plus habile qu'Ezéchias, et usa de stra-
tagème. Pour ne pas faire échouer une nouvelle ten-
tative de réforme, il annonça que le grand-prêtre
Hilkia venait de découvrir dans la caisse du temple
un vieux rituel enseignant la manière dont les sacrifices devaient être pratiqués. « La colère de Jéhovah
doit être grande, s'écria-t-il, puisque nous n'avons

1. II Chroniques, 30, 10.

pas obéi aux commandements de ce livre [1]. » Il décréta que le pessá'h serait désormais observé selon les rites qu'il instituait. « Faites la pâque de Jéhovah votre Dieu, telle qu'elle est décrite dans ce livre-ci [2]. »

La Bible ajoute : « Depuis le temps des juges et depuis tout le temps des rois d'Israël et des rois de Juda, jamais pâque ne fut célébrée comme celle qui se fit en l'honneur du Seigneur dans Jérusalem [3]. » « De tous les rois d'Israël, il n'y en a point eu qui ait fait une pâque comme celle que fit Josias [4]. » Cette pâque était donc une nouveauté; si Josias la modifia en ordonnant de tuer des animaux, c'est que les Hébreux, comme tous les peuples sémitiques, sacrifiaient des victimes humaines. Ce qui le prouve d'ailleurs c'est que, malgré l'autorité du roi, un certain nombre d'entre eux persévérèrent dans les anciens usages.

Ce fut probablement à partir de la réforme de Josias que les Juifs rachetèrent leurs premiers-nés moyennant un prix fort modique versé entre les mains d'un prêtre, et Lund rapporte que ce rite est encore usité aujourd'hui. Chaque père doit présenter son premier-né chez le rabbin, et il s'élève entre eux un dialogue convenu qui finit par le rachat de l'enfant. Le père dit : « J'aime mieux ce fils que l'argent »; et le rabbin, s'adressant à l'enfant, récite cette formule : « Tant que tu restais dans le sein de ta mère, tu étais au pouvoir de ton père céleste et de

1. II Chroniques, 34, 21.
2. IV Rois, 23, 21.
3. IV Rois, 23, 22.
4. II Chroniques, 35, 18.

tes parents; après ta naissance, tu n'appartiens qu'à moi; je suis le prêtre du Seigneur. Tes parents ont voulu te racheter, voilà l'argent qui appartient à moi prêtre. Grandis dans la crainte du Seigneur. » Si l'enfant meurt avant le trentième jour, le prêtre rend l'argent, car Jéhovah lui-même a enlevé sa victime, et le père ne peut être tenu à payer rançon pour un enfant dont Jéhovah s'est emparé, malgré le rachat[1].

Un passage du père Von Cochen confirme ce marché : « Dans les sacrifices mosaïques, on brûle au feu toutes les viandes, pour faire voir que Dieu peut disposer de tout; il saurait donc exiger la mort de tel homme, comme il l'a fait envers Abraham. Il a aussi exigé la mort de tous les enfants aînés, en disant dans sa loi : « Ils sont tous à moi. » Mais il se contenta de voir les mères arriver au temple, et racheter leurs enfants avec de la monnaie. La Sainte Vierge en fit de même; elle racheta son fils cinq sicles; mais Dieu ne s'en contenta pas, et il la força à le lui rendre pour le faire tuer et immoler[2]. »

Cependant les prophètes trouvaient que la réforme de Josias n'était pas assez complète, et s'élevaient comme par le passé contre les flots de sang qui étaient encore répandus dans le temple. Jérémie conjure les Hébreux de ne plus immoler, ainsi qu'ils l'avaient toujours fait, des animaux et même leurs enfants[3]. Il s'écrie avec Amos : « Le péché des Judéens est gravé dans les cornes de l'autel[4] »; il considère la

1. Lund, *Sanct. Jud.*, p. 667.
2. Von Cochen, *Explic. de la messe*, p. 179.
3. Jérémie, 3, 24.
4. Jérémie, 17, 1.

fête du sabbat comme une abomination, et l'arche sainte comme inutile : « On ne parlera plus de l'arche; personne n'en confectionnera plus une semblable[1]. » Aussi les prêtres se liguèrent contre lui : « Venez, disaient-ils, et calculons ce qu'il faut faire contre Jérémie. Venez, perçons-le avec les traits de notre langue, et n'ayons aucun égard à ses discours. »

Le royaume de Juda fut détruit vingt-deux ans après la mort de Josias, et les Hébreux qui, soixante-dix ans plus tard, rentrèrent en Judée sous la conduite de Zorobabel, appartenaient aux tribus de Juda et de Benjamin. La grande préoccupation de leurs prêtres dut être nécessairement de reconstituer, autant qu'il était encore possible, les annales de ces tribus. Ils réunirent et récrivirent les chroniques qui n'avaient pas disparu pendant la tourmente de l'exil, et dont plusieurs attestaient l'influence que le scythisme avait eue sur les premiers Hébreux[2]; ils les firent précéder de quelques légendes babyloniennes touchant les origines, et complétèrent les ordonnances de Josias par de minutieux règlements; ils y intercalèrent enfin des préceptes dus à l'enseignement des mages, ainsi que de nombreux passages, souvent contradictoires avec le reste, mais destinés à établir définitivement le triomphe de la réforme. Puis, pour donner plus d'autorité à leur œuvre, ils en attribuèrent la rédaction au héros de l'Exode.

Rien de plus intéressant que de les suivre dans

---

1. Jérémie, 3, 16.
2. Voir la douzième note.

leur travail de coordination et de retouche. Obéissant
à la conception des ancêtres, ils recueillirent tous les
récits merveilleux, et gardèrent le Moloch particulier
au peuple hébreu. Rentrant de l'exil soixante-dix-
huit ans après Zorobabel, Esdras s'empara de cette
compilation qu'il remania sans doute, et la publia
solennellement. Jéhovah fut toujours le dieu aimant
l'odeur de la chair brûlée [1], et de qui l'on devait
perpétuellement apaiser la colère en lui offrant du
sang. Il resta d'une férocité insatiable, avide de victimes; et si les prêtres judéens le privèrent de chair
humaine [2], ils lui sacrifièrent des animaux avec une
telle abondance que, les jours de fête, le temple de
Jérusalem devint la plus colossade boucherie qui
exista jamais.

Le culte nouveau ne fut guère différent de celui
que Josias avait voulu instituer; aussi les prophètes
continuèrent-ils leurs exhortations. Ils avaient espéré
que l'on établirait le culte d'un dieu universel, d'un
dieu moral, et non celui de l'être vindicatif et sanguinaire que la Bible conservait. Ils avaient voulu
voir disparaître les sacrifices : « Ceux qui immolent
un bœuf, dit le pseudo-Isaïe, sont comme ceux qui
tueraient un homme. Ils ont pris plaisir et se sont
accoutumés à toutes ces choses, et leur âme a fait ses
délices de ces abominations [3]. »

Mais si les prophètes aspiraient vers un dogme

1. Exode, 20, 25.
2. Du temps des Romains, la coutume s'était cependant
conservée, en Palestine, d'exécuter les criminels, considérés
comme des victimes expiatoires, précisément pendant la
semaine du pessà'h.
3. Isaïe, 66, 31.

plus épuré, un certain nombre d'Hébreux regrettaient toujours les anciens usages et, comme au
temps de Josias, s'élevaient secrètement contre les
nouvelles prescriptions. Au moment d'une réforme
religieuse, il reste dans les masses populaires des
fanatiques qui demeurent fidèles aux coutumes de
leurs pères. Cette persistance se montra en Palestine
comme ailleurs; et quelques sectes obscures, par
tradition et instinct de race, continuèrent à suivre les
rites d'autrefois.

Les sacrifices d'enfants pour la célébration du
pessà'h ne cessèrent pas d'être secrètement pratiqués
en Judée, et dans quelques contrées même assez
éloignées. Il ne faut pas oublier en effet qu'avant la
ruine du royaume de Juda, beaucoup d'Hébreux
s'étaient déjà introduits dans les pays voisins, que
lors de cette ruine un grand nombre se réfugièrent
en Arabie et en Égypte, et que plus de la moitié des
familles qui furent conduites en exil ne rentrèrent
pas en Palestine. Les Juifs qui suivirent Zorobabel et
Esdras acceptèrent sans doute pour la plupart les rites
du nouveau culte; mais beaucoup de ceux qui restaient disséminés, continuèrent longtemps à suivre
leurs anciens usages.

Aussi les Juifs ont-ils de tous temps encouru cette
accusation; et des faits assez nombreux leur ont été
reprochés. Dans son histoire de Mahomet, Sale dit
qu'à l'époque du prophète, les Juifs établis en Arabie
sacrifiaient encore leurs enfants[1]; sous les Césars,
quelques Juifs syriens mangèrent la chair d'enfants

1. Sale, *Hist. de Mahomet*, sect. II, 15.

offerts en holocaustes [1]. En 419, un enfant fut sacrifié à Inmenstrer en Syrie; en 1237, un jeune chrétien crucifié et mangé par les Juifs de Lincoln, en Angleterre; en 1250, un autre enfant chrétien également crucifié dans l'Aragon; en 1287, le jeune Wernher mis à mort, à Wésel, d'une façon particulièrement cruelle, puis mangé dans la soirée du pessâ'h; en 1288, l'enfant Roudolphe assassiné, à Berne; en 1349, les Juifs de Zurich saignèrent jusqu'à la mort un autre enfant dont les chrétiens conservèrent les reliques; en 1462, les Juifs de Rinn, en Tyrol, sacrifièrent le petit André; et ceux de Trente, en 1475, le jeune Simon.

Ces faits ont été depuis plus ou moins niés; toutefois il en est un dont on ne peut douter. Tustet, chef des lazaristes, a fourni tous les détails de la mort du père Thomas qui fut assassiné à Damas, en 1841. Le bonnet du père, ses os, des pains rougis de sang humain trouvés dans le Ghetto de la ville, sont des pièces à conviction difficiles à récuser. Les témoignages de quelques Juifs convertis soit à l'islam, soit au christianisme, celui de Moïse Abu-Asie, premier rabbin de Damas, devenu mahométan, qui avait assisté à la mort du père Thomas; ceux d'Eisenmerger, de Brentz, ainsi que d'autres écrivains chrétiens d'origine israélite, tout prouve la réalité de ce crime rituel. Faute d'un enfant quelques Juifs avaient sacrifié pour leur pessâ'h une victime innocente, un prêtre.

1. Philostrate, *Biog. d'Apollonius*, 7, 20; 8, 10. — Les Clémentines, 2, 13; 3, 14.

Mais je me hâte d'ajouter que l'on a tort de faire peser sur les Juifs des actes qui, en admettant qu'ils soient tous réels, ne sont reprochables qu'à une infime minorité; et la réforme promulguée par Esdras, bien que toujours entachée de molochisme, fut un pas immense des Hébreux vers la civilisation.

Il me reste à parler des idées nouvelles qui avaient cours en Palestine pendant les quelques siècles qui précédèrent la ruine définitive du temple de Jérusalem. Le principal attribut de la divinité était aux yeux des Juifs la toute-puissance. Par égoïsme de race, ils ne l'auraient jamais admise douée d'une infinie bonté; mais ils la voulaient fidèle à sa promesse de les protéger, et ne pouvaient comprendre que le sort du peuple avec lequel Jéhovah avait fait alliance, fût identique à celui des autres nations. Comment les observateurs de la loi subissaient-ils les mêmes misères que ceux qui la transgressent? A une époque bien plus ancienne, cette difficulté tourmentait déjà la foi de Job; et ce n'est pas dans la Bible d'Esdras que les Juifs auraient trouvé une réponse. Aussi adoptèrent-ils une hypothèse rapportée de l'exil, celle d'une résurrection réparatrice. Tous les enfants d'Israël reviendront sur cette terre goûter le bonheur promis; pendant mille ans, ils seront dédommagés des infortunes du monde actuel, et domineront toutes les nations.

Précédemment les Hébreux avaient espéré qu'un héros, fils de David, leur rendrait la prépondérance à laquelle ils croyaient avoir droit. Cette idée d'un messie vengeur se développa surtout pendant les périodes de servitude, notamment après le retour de la captivité. Seulement, vers cette époque, ce sauveur ne pouvait plus être de la race royale éteinte depuis longtemps. Aggée et Daniel ne parlent donc plus d'un rejeton de David; Malachie dit même que le messie sera Élie ressuscité. Pendant les derniers siècles, toutes les fois que la Bible parle du messie, c'est comme d'un monarque asservissant le monde, ou comme d'un ange descendu des nuées sous la forme humaine, pour régner mille ans sur les Juifs ressuscités et assurer leur domination. Le jour de cette résurrection devient l'attente générale, le refuge de l'orgueil blessé.

Si leurs livres saints avaient parlé d'une vie céleste, les Juifs auraient placé leur espoir dans une justice finale; mais il n'y a qu'un seul souffle pour toutes choses, disait la Bible, et pour eux la vie, chez l'homme comme chez l'animal, vient du souffle de Dieu; la mort de l'un et de l'autre est identique, et l'existence consciente se termine dans le Schéol. L'auteur de l'Ecclésiaste nous a transmis l'expression de ce sentiment, et pour lui la plus grande folie serait de croire à une immortalité injurieuse pour Jéhovah. « Dieu seul dure »; telle a toujours été la base fondamentale des croyances hébraïques; et le pire blasphème serait de s'attribuer une existence sans fin [1].

Le lecteur me pardonnera de m'être étendu aussi longuement sur la religion de quelques sémites; mais par suite de la conservation de ses annales, le peuple

1. Isaïe, 28, 9. — Psaumes, 6, 6; 94, 17.

juif figure en première ligne dans l'histoire de l'idée
spiritualiste. Deux grandes doctrines se partagent
l'humanité : d'un côté, la croyance en un esprit
organisant ou créant la matière; de l'autre, un Etre
unique formant l'univers de sa propre substance. Or
la Bible est l'œuvre capitale de la première; et, des
trois grandes religions actuelles, deux sortent du
judaïsme : le christianisme et le mahométisme.

CHAPITRE VI

LES RELIGIONS ARYENNES

Il est temps de pénétrer dans un monde nouveau, et de parler d'une race dont les premières conceptions religieuses furent absolument différentes de celles du reste de l'humanité. Par suite d'une disposition cérébrale particulière, la tendance instinctive des Aryens fut de considérer l'univers comme l'émanation d'une substance éternelle et incommensurable. Doués d'une imagination toujours en quête de merveilleux, ils personnifièrent et divisèrent les différents aspects de cette substance; et l'on découvre dans ces mythes, variés à l'infini, un fond d'éléments communs qui établit leur unité.

Les croyances conservées par les Védas représentent le patrimoine que les peuples issus de cette race transportèrent jusqu'aux rives de l'Atlantique. Les Dévas sont dans ce recueil d'hymnes les grands phénomènes de la nature. C'est Indra, le firmament; Agni, le feu; c'est le soleil dans toutes ses situations

astronomiques, les étoiles, les vents, les orages; c'est
la terre, les arbres et les fontaines.

Mais ces astres qui versent sur nous la lumière et
la vie ont à lutter contre les phénomènes contraires.
Le nuage obscurcit le ciel, la nuit nous enveloppe
de son voile; puissances ennemies, agents hostiles
aux Dévas et aux hommes, dont les Iraniens, branche
très anciennement détachée de la souche commune,
firent des dieux malfaisants, en lutte avec les dieux
bons. De là l'idée d'un dualisme nouveau, tout autre
que celui du scythisme, et qui, dans le mazdéisme,
prend un caractère très prononcé.

L'on retrouve chez les descendants des Aryens
qui se sont répandus en Europe les traces de ces
croyances. Partout où leur sang s'est mélangé, le
culte de la nature se retrouve; il apparaît dans l'antiquité classique côte à côte avec la doctrine des deux
principes. Toutes les tribus celtiques adoraient les
astres, le feu, la terre, les fleuves, les fontaines et les
arbres. Alexandre sacrifia aux fleuves qu'il traver-
sait. D'après Agathias, les Germains rendaient un
culte aux arbres, aux forêts, aux fleuves. Après leur
conversion au christianisme, les Francs vénéraient
encore les fleuves; et il en était de même des autres
peuples d'origine orientale. Charlemagne, dans ses
capitulaires, interdit l'ancien usage de placer des
lumières près des arbres et des fontaines; Canut, en
Angleterre, proscrit également le culte rendu aux
astres, aux fontaines et aux forêts.

Le point de départ des religions aryennes fut donc
l'adoration de la nature, la croyance que tout ce qui
existe est divin. Mais, au delà de cette conception,

les Hindous reconnurent l'unité des phénomènes et distinguèrent cette unité des personnifications primitives. Ils en firent la divinité suprême, la substance éternelle, d'où tout provient et où tout retourne. Les uns l'appelèrent Vischnou, créateur, soutien et destructeur de l'univers, triple dans son action, mais un dans son essence; d'autres reconnurent ce caractère à Brahma; d'autres enfin adoptèrent Siva, le grand dieu des populations vaincues. Mais, avec le temps, ces adorations analogues se réunirent en un culte synthétique qui attribua à chacune de ces trois appellations du dieu hindou l'une des actions primitivement attribuée à toutes.

LE BRAHMANISME

D'après ce dogme, Brahma seul existe, cause immanente de l'univers. Ce n'est plus, comme dans le scythisme, un esprit qui organise et qui anime une matière coéternelle, c'est une substance tirant d'elle-même les éléments de ses manifestations. Le premier phénomène, produit par Brahma, fut Oum, pareil à l'éther et contenant en puissance les actions futures; c'est le corps de Brahma, infini comme lui, comme lui auteur de tout. Au commencement de l'activité divine, il n'y avait que Oum, ou les flots de l'éther, les eaux sans rivage; tout ce qui existait était eau. Dans cette mer, dite de Maya, le désir de Brahma[1] produisit un germe qui devint un œuf brillant, et

---

1. Les Hindous le surnommaient Narayana, qui se meurt sur les eaux.

l'univers naquit sous la forme de Brahmâ [1]. Mais
cette activité prendra fin, et une période de repos
lui succédera. Le monde phénoménal actuel sera de
nouveau plongé dans l'obscurité, et semblera entièrement livré au sommeil [2]; quand Brahma se réveil-
lera un monde nouveau apparaîtra qui ne sera qu'un
prestige, comme les mondes évanouis, une succession
d'apparences éphémères; car Brahma seul est réel.

Je ne parlerai pas des personnifications sans
nombre qui encombrèrent cette haute doctrine, je
dirai seulement que le problème de l'existence du mal
trouva dans le brahmanisme une première solution
due à l'imagination toujours active des Aryas. Pour
expliquer les souffrances d'êtres émanant de la substance divine, ils se réfugièrent dans l'hypothèse de
la succession des existences. D'après les brahmines,
nous ne naissons que pour mourir, et nous ne mou-
rons que pour renaître. Les incidents de la vie présente sont la récompense ou la punition d'actions
accomplies antérieurement, comme ce qui se passera plus tard sera la conséquence de notre conduite
actuelle. Ces vies successives sont des occasions
d'épuration; mais, après avoir été affranchie de toute

---

1. Brahma sans accent s'applique à la substance envisagée
dans sa causalité éternelle; et Brahmâ désigne la substance
dans ses manifestations.
2. Une doctrine parallèle, se rattachant probablement à
l'ancien culte de Siva, enseignait que Brahma est un feu
éternel caché sous les phénomènes, et dont les astres nous
révèlent l'existence. Lorsqu'il s'affranchira de ses formes passagères par la destruction de l'univers, sa nature primordiale
reparaîtra comme une flamme qui s'élèvera sur l'emplacement
du monde disparu, conservant tous les éléments de l'activité
future.

souillure par la souffrance, l'âme doit retourner à son point de départ, et se réunir à l'infini divin. Jamais un brahmine n'aurait enseigné que cette âme pût être immortelle, supposition qui pour lui eût été blasphématoire. L'absolu seul est éternel, et tout ce qui est phénoménal doit disparaître.

Lorsqu'ils pénétrèrent dans l'Inde, les Aryas ne se fusionnèrent pas, comme les Hellènes le firent en Grèce, avec les nombreuses populations qu'ils y rencontrèrent, et ce ne fut qu'en établissant un système de castes très exclusif qu'ils conservèrent la pureté de leur race. Ils adoptèrent sans doute quelques emblèmes scythiques usités dans la contrée, et dont le sens mythique ne froissait pas leurs conceptions instinctives; le phallus représenta pour eux l'activité universelle et figura dans leurs temples, où le lingam est également vénéré comme l'arbre de vie; mais jamais les mœurs religieuses des Aryas ne s'altérèrent au contact des rites molochistes. S'ils admirent le sacrifice, ce fut en lui attribuant un caractère nouveau, et seule la présence de la divinité dans la victime donnait à celle-ci sa véritable signification. Un passage de l'Aïtaraya nous montre les dieux assemblés, se demandant qui aura le courage de s'incarner dans l'être qui devra être immolé. Vischnou se présenta, et aussitôt on l'acclama comme le plus grand des dieux [1].

Cette intervention de la divinité dans le sacrifice était la conséquence inévitable du panthéisme des

1. Je n'allongerai pas ce chapitre en parlant des diverses incarnations divines, notamment de Krichna.

4

Aryas. Dans leurs rêveries mystiques, ils s'imaginèrent que le mal consistait dans l'existence des phénomènes. Ils crurent que, par le seul fait d'être sorti de son inaction, la substance divine avait subi une atténuation de sa pureté primitive, et devait participer à toute expiation. Ils finirent par placer le bien dans le retour au repos absolu, dans l'anéantissement universel.

LE BOUDDHISME

Ce fut un code d'ascétisme greffé sur le brahmanisme. Ses adeptes n'avaient qu'un but : éteindre en eux tout ce qui témoignait d'une volonté personnelle. Ils espéraient, par une vie exempte de toute passion, s'affranchir des expiations futures, et ils n'aspiraient qu'à se perdre dans l'infini divin.

C'est la nécessité de naître et de renaître, de passer à maintes reprises par toutes les épreuves de la vie que le bouddhiste appelle la douleur [1]. Son seul désir est d'atteindre le repos; et la menace d'une existence éternelle le remplirait d'épouvante. Comme le brahmine, il enseigne que toute faute doit être expiée, mais le coupable ne perd jamais l'espérance de voir la fin de ses misères.

Le principal caractère de cette religion fut d'avoir renversé les distinctions sociales qui partageaient les Hindous; une charité universelle s'étendit sur le monde, et tous les êtres vivants furent également

---

[1]. L'emblème bouddhiste le plus complet serait la représentation de l'humanité clouée sur l'arbre de vie ou le lingam, tel que nous voyons le Christ sur la croix.

sacrés. Les brahmines pratiquaient sans doute la charité, mais envers ceux de leur caste; Çakia-Mouni enseigna l'égalité et la fraternité humaines. Il posa des préceptes qui ne furent jamais surpassés, ni même égalés, et voulait que sa doctrine fût prêchée aux étrangers comme aux Hindous. Lorsqu'il mourut, un concile s'assembla pour recueillir ses enseignements, car ses disciples conservaient la mémoire de sa parole ardente, et ils formèrent trois évangiles de leurs souvenirs.

Trois cents ans plus tard, l'Inde était en grande partie bouddhiste, et le roi Asoka convoqua le premier concile œcuménique pour la fixation définitive du canon des écritures. Le même concile institua les missions; et alors commença une œuvre de propagande très active qui dura plusieurs siècles. Dans chaque pays converti s'établit une hiérarchie ecclésiastique avec un chef suprême et un clergé régulier. Des communautés de moines se fondèrent, ainsi que des ordres religieux voués à l'éducation.

LE MAZDÉISME

Comme les Hellènes, les Iraniens s'étaient heurtés contre d'anciennes populations plus civilisées qu'ils ne l'étaient encore, et dont ils acceptèrent quelques croyances. Avant Zoroastre, le sabisme et le scythisme régnaient en Perse, notamment le culte du principe mâle, représenté par un feu allumé aux rayons solaires, et auquel on cherchait à donner la perpétuité du feu céleste en ne le laissant jamais éteindre.

La légende rattachait ce mythe à l'Occident. « Persée, dit Cadrénus, apporta le secret pour attirer le feu du ciel sur la terre; il le fit consacrer dans les temples, sous le nom de feu éternel, et constitua les mages ses gardiens. » Ce culte ne fut pas ébranlé par l'établissement du mazdéisme. Chrysostome, Suidas, Socrate l'historien, Epiphane, Ruffin, Eustathe assurent que de leur temps les Perses adoraient ce feu; à quelque Dieu qu'ils sacrifiassent, ils commençaient, nous dit Strabon, par lui adresser des prières. L'eau, emblème du second principe, était également l'objet d'une vénération particulière.

Une autre formule, très ancienne et demeurée populaire, de la doctrine scythique, fut le culte de Mithra-Mithras, divinité hermaphrodite. L'on retrouve partout, dans la haute antiquité, les deux principes réunis dans une idole douée des deux sexes; mais en bien des contrées de l'Asie occidentale, cette divinité se dédoubla, et la lumière resta, comme chez les Scythes, le premier phénomène. Mithra resta la mère universelle, et Mithras lui fut subordonné à titre de fils[1].

Le mazdéisme résulta d'une fusion des anciennes croyances de la Perse avec les conceptions aryennes, et celles-ci ne peuvent se mélanger aux traditions locales qu'après la prépondérance des Iraniens. Il naquit du besoin de trouver une explication de l'existence du mal physique et moral, problème qui commençait à agiter les populations de l'Asie occi-

----

[1]. Hérodote nous dit que Mithra est la même que Mylitta et Vénus-Uranie.

dentale. Le développement de l'intelligence fut toujours accompagné du désir de justice; et ce sentiment ne trouvait pas satisfaction dans les rapports qui pouvaient exister entre l'homme et un dieu perpétuellement irrité. L'on finit par ne plus accepter cette haine sans merci; et la raison se révolta en voyant que le malheur s'appesentissait indifféremment sur les meilleurs. Toute l'antiquité a connu ces consciences soulevées, et maudissant les dieux.

Le mazdéisme entreprit de résoudre la difficulté. Le dieu des Couschites et des Sémites ne pouvait être celui d'un Aryen; et, d'un autre côté, comment admettre qu'un dieu, tirant de lui-même l'univers, pût dans son œuvre produire le mal? Comment la propre substance de ce dieu, dont nous sommes formés, peut-elle souffrir? Zoroastre trouva la solution du problème dans le culte encore régnant des esprits. Tout l'univers resta peuplé de génies bons et mauvais dont l'homme subit incessamment l'influence. Les bons furent rangés sous le gouvernement d'un Dieu, Ormutz, les mauvais sous celui d'un autre Dieu, d'égale puissance, Ahriman; l'un et l'autre en perpétuelle opposition. Puis, obéissant aux instincts de sa race, Zoroastre enseigna la préexistence de la substance éternelle, Zéruané-Akéréné, père d'Ormutz, la lumière, et d'Ahriman, les ténèbres. Pour créer le monde, ce dieu suprême laissa le champ libre à ses deux fils rivaux qui doivent un jour retourner à leur source, et s'anéantir dans l'Être absolu.

Né de l'émanation, Ormutz produisit l'univers par émanation, non directement, mais par l'entremise

4.

d'Honover, sa pensée, la parole ou le verbe, modèle
de tous les êtres. Honover a un corps et une âme;
celle-ci est la réunion de toutes ses idées, appelées
férouers, puissances effectives, formant en quelque
sorte sa substance intellectuelle; son corps est la
réalisation de ses idées dans la nature. Les férouers
sont les types immortels qui habitent les êtres transitoirement [1].

Le mazdéisme conserva donc la croyance aux
esprits dans sa naïveté première, et admit que tous
les corps sont habités par des génies qui devinrent
les objets d'un culte. Ses adhérents adorèrent les
intelligences chargées de veiller sur les éléments,
sur les animaux, sur les productions inanimées de
la nature. Les Parsis croient encore que le pouvoir
des esprits subalternes est absolu sur les choses
dont ils ont l'administration; c'est pourquoi ils les
implorent, comme de véritables fétichistes, parce
qu'ils sont persuadés qu'Ormutz ne refuse rien à
leur intervention. Zoroastre prétendait être en communication avec les anges gardiens des éléments et
des animaux. On représentait les esprits supérieurs
qui animent les sphères, sous des aspects extraor-
dinaires.

D'autre part, le mazdéisme emprunta au scythisme
le dogme du feu artiste qu'il considéra comme hermaphrodite; suivant en cela les traditions de l'Asie
occidentale, il réunissait donc les deux principes
dans une unité féconde. Il accepta encore Mithras, le
confondant avec Zéruané-Akéréné. Sous le nom de

---

1. Telle fut l'origine des idées arché-types de Platon.

Demiurge, cette antique personnification du principe mâle tire le monde de sa propre substance, et doit recevoir en son sein les essences de tous les êtres; c'est l'infini substantiel, d'où tout vient, et où tout doit revenir. Mithras est alors le médiateur entre Ormutz et Ahriman, et terminera la lutte de la lumière et des ténèbres.

Le lecteur remarquera combien la confusion est grande dans cette religion qui ne fit que réunir le mysticisme aryen à toutes les croyances ayant cours dans l'Asie occidentale. Elle opposa au scythisme l'idée d'un monde spirituel, antérieur et supérieur au monde visible; au brahmanisme, la distinction du principe spirituel et de l'univers, de l'âme et du corps, de la lumière et des ténèbres. Mais ces spéculations étaient trop fragiles; plusieurs sectes mazdéennes se rapprochèrent du scythisme, d'autres du brahmanisme; et la plupart continuèrent à honorer les anciennes divinités nationales. Mithras est identifié avec le soleil ou le taureau zodiacal; et l'on trouve à chaque page du Zend-Avesta, des invocations adressées aux astres : « J'invoque la lune dépositaire du germe du taureau. »

L'influence du mazdéisme s'est étendue plus loin que la puissance politique des Perses, et a exercé une action prépondérante sur les destinées de l'idée spiritualiste. Après avoir conquis une partie de l'Asie occidentale, car toutes les anciennes croyances y trouvaient un écho, il pénétra dans la Judée, grâce à la captivité de Babylonne; dans la Grèce et l'Égypte par l'école platonitienne; puis dans l'Occident par les gnostiques, les manichéens et l'église romaine.

CHAPITRE VII

LA PHILOSOPHIE GRECQUE

L'étude de la philosophie grecque fournit le meilleur exemple de lutte entre l'instinct aryen et celui des races plus anciennes. Lors de leur arrivée en Europe, les Hellènes n'avaient d'autres dieux que les grands phénomènes de la nature; et la doctrine cosmogonique particulière à leur race ne se développa que tardivement dans l'Occident, parce qu'elle y rencontra les cultes scythiques universellement pratiqués depuis des siècles. Elle ne s'en manifesta pas moins à la longue; et un temps vint où le dogme de l'émanation apparut, dans les spéculations philosophiques, partout où l'élément aryen fut prédominant.

Une école de penseurs donna à cette doctrine le même développement que dans l'Inde. Les Éléates ne reconnaissaient que l'existence d'une substance unique et universelle. Pythagore avait déjà dit que tout est renfermé dans l'unité infinie, et a été produit par elle. Mais les Éléates concevaient cette substance comme simple, par conséquent non composée de parties, ce qui implique la négation des corps. D'après

eux, ce qui nous est offert par les sens est en dehors
du réel, et n'est qu'une apparence. Pour Xénophane,
tout dans l'univers est de même nature; tout est un,
et cette unité est Dieu, l'unique, toujours semblable
à lui-même. Selon Parménide, tout ce qui existe est
identique; la substance divine remplit l'espace, et
les phénomènes ne sont que des états passagers, une
apparence sans réalité, car la substance est toujours
identique et égale à elle-même. Pour Mélissus, le
réel ne peut être ni produit, ni périr; il est sans commencement, ni fin. Il est un, invariable, non composé de parties; la pluralité n'est qu'une apparence
relative à nos sens. Pour ces philosophes, tout était
divin; ils n'admettaient rien au-dessus ou à côté de
la nature, et leur école se développa parallèlement
avec celles qui suivaient la doctrine des deux principes.

Par suite de la présence de l'élément pélasgique,
les masses populaires de la Grèce adoraient toujours
la grande déesse et les dieux qui représentaient le
principe mâle. Partageant ces croyances, les plus
anciens philosophes voulurent déterminer ce qu'était
le principe passif de la dualité scythique. Thalès
voyait dans l'eau l'état primordial de la matière [1];
Anaximène choisit l'air; Héraclite le feu; et Empé-
docle les admit tous les trois. Sans pousser aussi
loin l'hypothèse, Anaximandre considérait seulement
la matière dans son infinité; il soutenait que les
changements perpétuels des choses ne peuvent se

---

1. Nous ne devons pas oublier que l'eau était, dans le
scythisme, un des emblèmes du principe passif.

produire que dans cet infini; et il est impossible de ne pas retrouver dans cette doctrine l'influence du sang aryen.

D'autres philosophes cherchèrent à connaître le principe actif. Thalès l'avait constitué d'un nombre infini de forces ou de dieux; Anaxagoras n'admit qu'un seul organisateur; et nous pouvons remarquer ici que l'esprit humain suit toujours les mêmes voies.

Observant une force active dans tous les corps de la nature, les fétichistes s'étaient imaginé que ces forces devaient être, comme eux-mêmes, volontaires et intelligentes. Les philosophes grecs trouvèrent également en leur être des points de comparaison pour définir le moteur universel. Ils distinguaient dans l'homme la volonté, l'intelligence et la vie, ce qui ne l'empêche pas d'être un, bien que son intelligence ne soit pas sa vie, ni sa vie son intelligence, et que l'une et l'autre soient les parties constituantes d'un tout animé, intelligent et volontaire.

Appliquant ces notions au principe moteur, et lui conservant l'unité, ces philosophes pensèrent se rendre compte de son action sur la matière en distinguant la volonté qui ordonne, l'intelligence qui organise et l'esprit ou le souffle qui anime les êtres vivants. C'est dans la région céleste du feu-éther qu'ils plaçaient l'intelligence universelle d'où émanent les intelligences particulières. Dans le même feu, à côté de l'intelligence divine, résidait le principe de vie que l'on désignait sous le nom d'âme du monde. Tatien disait que cette âme anime toute la nature depuis les plantes jusqu'aux étoiles. On la représentait souvent par un oiseau symbolique, la colombe. Manilius chanta l'intelligence ou le logos qui organisa le monde, et le spiritus, souffle unique de vie.

Marc-Aurèle emploie les mêmes termes : « Représente-toi, dit-il, le monde comme un seul animal composé d'une seule matière et d'une seule âme. Il n'y a qu'une matière commune quoiqu'elle soit divisée en des milliers de corps; il n'y a qu'une intelligence, quoiqu'elle semble elle-même se partager. Nous sommes unis par une participation commune à une unique intelligence, car l'intelligence de l'homme est détachée de l'intelligence universelle. »

Les philosophes anciens considéraient donc, pour la plupart, le principe actif comme absolument spirituel, et restaient fidèles aux traditions scythiques. Les deux plus illustres penseurs de la Grèce enseignaient cette doctrine. Aristote admettait l'existence primordiale d'une matière indéterminée, fondement du devenir, virtualité de tout ce qui devient actuel. Elle est, pour lui, toute réceptivité; éloignée du moteur divin, elle désire la forme, ainsi que la femelle désire le mâle.

Selon Platon, la matière éternelle est tantôt l'espace substantialisé, capable de toutes les transformations sous l'impulsion du premier principe, tantôt l'espace converti en réalité physique. Il la comprend comme une étendue objective, théâtre des actions divines. C'est une chose indéfinie, assez vague pour qu'on puisse la considérer comme le principe de tous les êtres concrets. Le chaos n'a jamais été pour Platon qu'une conception auxiliaire, qu'un moyen de concevoir la formation de l'univers.

Ce qui est propre à ce philosophe, c'est d'avoir introduit en Grèce la doctrine mazdéenne des férouers. Ces idées-types ne sont pas de simples conceptions de l'esprit, mais les causes formelles de ce qui existe, ce qu'il y a de réel et d'universel, ne résidant dans les choses que transitoirement. Tels sont, par exemple, toute idée de qualité, de genre ou d'espèce, tous les types des êtres, modèles incréés, immuables, et ayant une existence propre. Ces idées-types existeraient de toute éternité, Dieu n'aurait organisé l'univers qu'en les copiant, en le calquant sur elles. Platon en composa un monde à part, le monde des intelligibles, réalité antérieure à toutes choses, modèle éternel de tout ce qui existe[1]. Mais comme il fallait expliquer l'existence du mal, ce philosophe admet que les idées-types, tombant dans l'étendue matérielle, ne parviennent pas à y dominer entièrement. Celle-ci résiste à l'organisation divine; et le premier principe n'arrive qu'à produire le meilleur possible, et non le parfait. Aussi la matière est-elle la cause métaphysique de tous les maux.

Ce fut, en outre, Platon qui établit avec le plus d'autorité les trois modes d'action attribués à la divinité : la volonté souveraine, le logos ou l'intelligence ordonnatrice, et le spiritus ou l'âme du monde. Il y ajouta l'hypothèse de la réminiscence; nos idées ne seraient que de simples souvenirs de la science com-

---

1. Je reparlerai de cette hypothèse dans la seconde partie de cette étude.

plète que notre intelligence possédait lorsqu'elle n'était pas encore séparée du logos. Au sein même du premier principe, centre de toutes les idées-types avant le jour où elle a été attachée à un corps mortel, l'âme a connu le beau, le bien et le vrai. Il en résulte qu'il y a un vrai absolu, inconditionnel, indépendant à la fois de notre organisation, des lois du monde phénoménal, des temps et des lieux.

L'homme ne peut donc arriver à la connaissance que par la souvenance des idées éternelles qui résident en nous. C'est là ce que Platon appelle les idées innées, les principes de notre science auxquels nous rapportons par la pensée l'infinie variété des objets qui nous entourent; d'où il suit que toutes ces connaissances de détail ne sont pas produites par l'expérience, mais seulement développées par elle. L'esprit se rappelle les idées à mesure qu'il aperçoit les copies faites à leur image dont le monde est rempli; et c'est pour lui comme le souvenir d'un état antérieur où il existait sans être uni à un corps. La source de notre science n'est donc pas dans le témoignage de nos sens qui ne s'adressent qu'au variable; elle n'est pas non plus dans le raisonnement, mais dans l'ensemble de certaines notions qui sont en nous comme la base de toute pensée, résident en nous antérieurement à toute perception particulière, et qui s'imposent à nos actes comme principes de détermination.

On attribue en général à Platon l'hypothèse de l'immortalité de l'âme, dans le sens qui lui est donné aujourd'hui; telle n'était pas sa doctrine. Il croyait que la parcelle d'intelligence qui parle par la bouche des hommes, ne pouvait périr, et retournait après la mort à la source commune, comme le principe de vie retournait à l'âme universelle. En conclure que l'âme ou l'intelligence personnelle conservait son individualité, eût été un non-sens.

La plupart des alexandrins furent les fidèles interprètes des rêveries de Platon; ils considéraient l'intelligence ordonnatrice de l'univers et l'esprit qui l'anime, comme des personnes distinctes de la volonté souveraine. Quelques-uns firent du logos le fils de la volonté, et le père du spiritus; ces trois entités constituèrent une trinité que nous verrons les premiers chrétiens instituer en dogme.

Plotin fut à peu près le seul qui se fit l'interprète de la doctrine aryenne. D'après lui, existe de toute éternité une lumière incréée, d'où émane l'intelligence organisatrice et l'âme du monde. Cette lumière, substance divine, agit instinctivement, sans réflexion, en vertu de la puissance et de la science spontanée qui lui sont propres. Il en résulte que toutes choses dérivent les unes des autres par un commun enchaînement; et l'univers est le résultat d'une production nécessaire, la manifestation d'un principe qui n'est séparé d'aucune de ses œuvres.

La doctrine de l'émanation est ici nettement exposée. Elle s'aventurait déjà dans l'antiquité classique, mais timidement; et l'on peut voir dans Cicéron, Clément d'Alexandrie, Lactance, Arnobe, Tatien, Justin, etc., que plusieurs philosophes grecs auraient placé la divinité dans l'univers. Ocellus de Lucanie, disciple de Pythagore, renfermait dans la nature le principe par lequel elle existe, d'où il conclut qu'elle est improduite et indestructible. « Le monde, dit Pline, ce que nous appelons le ciel qui, dans ses vastes contours, embrasse les autres êtres, doit être regardé comme un dieu éternel, immense, improduit, indestructible... Il est un Être immense qui renferme tout en lui-même. Il est l'ouvrage de la nature, et la nature elle-même. C'est une folie de vouloir sortir hors de lui pour chercher autre chose. » Nous verrons que, malgré les étouffements du moyen âge, l'émanation eut des partisans partout où le sang aryen conserva quelque pureté.

A côté de ces conceptions panthéistes, toujours entravées par les cultes officiels, la croyance fétichiste, puis mazdéenne, en l'existence d'esprits gouvernant l'univers était générale dans l'antiquité. On partageait ces esprits en deux groupes : les bons et les méchants. Suivant les Chaldéens, ces derniers sont si nombreux que l'air en est entièrement rempli ; ennemis de l'homme, ils le trompent et le poussent au mal. « Ah! s'écrie Oreste, dans Euripide, si un mauvais esprit m'avait trompé sous la forme d'un dieu? » Pythagore disait que le monde est plein de substances spirituelles ; selon Platon et Ménandre, chaque homme reçoit en naissant un génie particulier ; et, d'après Hésiode, il existe même des génies gardiens des villes et des peuples.

Aristote accepta l'hypothèse mazdéenne, et enseigna que Dieu a des ministres chargés d'administrer toutes choses. Confiné dans le ciel, le principe organisateur fait mouvoir et agir ceux auxquels il y a confié le gouvernement de la nature. « On savait par la tradition, dit Cicéron, qu'il existe des esprits supérieurs à l'homme et ministres de Dieu. Ce furent «

ces esprits dont on anima l'univers. On les honorait selon l'importance du domaine qu'on leur supposait. Subordonnés les uns aux autres, on leur faisait reconnaître pour supérieur un génie de premier ordre que les nations plaçaient dans le soleil. Les héros, les bienfaiteurs n'étaient pas considérés comme des hommes ordinaires. On s'imaginait que des esprits bienveillants s'étaient rendus visibles, en se revêtant d'un corps humain. »

La croyance aux esprits était donc universelle, et l'hypothèse d'un dieu organisateur ne put dépouiller celui-ci de son cortège de ministres. Toute l'antiquité a reconnu l'existence de génies inférieurs à Dieu, et présidant à l'ordre de l'univers et à la génération des êtres. « C'est un des points de la doctrine ancienne, écrivait Lamennais, que Dieu gouvernait le monde, même matériel, par le ministère des esprits, à chacun desquels il lui avait plu d'attribuer certaines fonctions. Il se servait des bons pour maintenir l'ordre général, pour veiller aux empires, pour protéger les hommes et répandre sur eux ses bienfaits. Il permettait aux mauvais de les éprouver, comme on le voit dans Job, ou les chargeait d'exécuter les arrêts de sa justice. » Platon, puisant comme Aristote dans le mazdéisme, parle d'un grand esprit d'une nature malfaisante, préposé au gouvernement des esprits chassés par les dieux et tombés du ciel.

Mais, pendant que la plupart des philosophes donnaient des formules nouvelles aux croyances léguées par les ancêtres, quelques penseurs cherchaient à se rendre compte de l'origine de l'univers en dehors de toute tradition spiritualiste. Il y eut un mouvement de philosophie rationnelle dont Leucippe, Démocrite et Épicure furent les promoteurs. Je m'occuperai dans ma seconde partie de la doctrine de ces grands hommes.

CHAPITRE VIII

LE CHRISTIANISME

Au commencement de notre ère, un antagonisme latent existait entre les religions officielles de l'empire romain et les anciennes croyances des masses populaires. En Europe, en Afrique, les sacrifices humains de propitiation étaient punis de mort, et les rites molochistes persécutés. D'autre part, les apôtres bouddhistes avaient semé des paroles de fraternité dans toute l'Asie centrale; et un esprit nouveau agitait la Syrie. Flavius Josèphe parle de plusieurs Juifs qui s'étaient soulevés contre les puissants; des écrits apocalyptiques circulaient, faisant pressentir le règne de la justice, et Jean-Baptiste annonçait que les temps étaient proches.

Plus qu'aucun autre, Jésus de Nazareth prêcha la rénovation sociale. Il s'adressa aux pauvres, à ceux qui ont faim, et qui souffrent des lois de ce monde [1]. Il dit : « Quant à vous, riches, malheur à vous [2] »

1. Luc, 4, 18.
2. Luc, 6, 20.

Parole qui sera plus tard rappelée par Jacques, son disciple : « Ne sont-ce pas les riches qui vous oppriment [1] ? » Et plus loin : « Mais vous, riches, pleurez, poussez des cris et comme des hurlements, dans la vue des misères qui doivent fondre sur vous [2]. »

Jésus prescrivait à ses adhérents d'abandonner le peu qu'ils possédaient pour se consacrer à l'œuvre de justice, et participer à l'avènement du royaume de Dieu : « Quiconque ne renonce pas à tout ce qu'il possède ne saurait être mon disciple [3]. » Comme compensation, il leur fait espérer les biens des riches : « Personne ne quittera pour le royaume de Dieu, ou sa maison, ou son père et sa mère, ou ses frères, ou sa femme, ou ses enfants, qui ne reçoive dès ce monde beaucoup davantage [4]. » Ce passage n'est pas douteux. Jésus promet à ceux qui le seconderont dans sa réforme sociale plus de biens qu'ils n'en abandonnent : Les premiers seront les derniers, et les riches deviendront les serviteurs des pauvres.

Selon les évangiles, Jésus n'aurait commencé à faire parler de lui que vers l'âge de trente-trois ans. Il paraît impossible qu'un homme de cette ardeur, et plus tard si prodigue en miracles, soit resté aussi longtemps inactif. Saint Marc et saint Luc nous disent bien qu'il vécut au désert; mais ce n'est pas là une réponse. Rien ne serait plus rationnel cependant que ce silence encore inexpliqué, si le fait

1. Jacques, 2, 5.
2. Jacques, 5, 1.
3. Luc, 14, 33.
4. Luc, 18, 23.

avancé par M. Notovitch était confirmé. Ce savant
aurait découvert dans le Ladak, un très ancien
manuscrit attestant que Jésus séjourna dans les
Indes, qu'il demeura d'abord parmi les brahmines,
et passa ensuite six années dans le pays des Gaouta-
mides, où il se pénétra des doctrines bouddhistes.
Il est certain, en tout cas, que le christianisme naissant fut un bouddhisme associé aux croyances ayant
cours dans l'Occident; il forma une confrérie d'as-
cètes vivant en commun, et préparant le règne de
l'égalité sociale.

Les premières prédications de Jésus semblent déno-
ter cette origine. On retrouve en son entier le sermon
sur la montagne de saint Mathieu, disséminé dans
les anciens livres de l'Inde. L'analogie n'est pas
seulement dans la pensée, mais dans la forme. On
connaît, par exemple, les enseignements de Jésus au
sujet de la providence, sa comparaison de l'homme
avec les oiseaux qui ne sèment ni ne moissonnent, et
que le père céleste nourrit. C'est une reproduction
textuelle de l'appel à la confiance en Dieu qui se fit
entendre sur les rives du Gange cinq ou six siècles
auparavant : « Ne te mets point en souci de ton
entretien; ton créateur pourvoira à ta subsistance.
Un être humain n'est pas plutôt né que pour le
nourrir le lait découle du sein maternel. Celui qui a
donné aux cygnes leur blanche parure, aux perro-
quets leurs vertes couleurs, aux paons leur robe
bigarrée, c'est lui qui prendra soin de toi. »

L'appel au pardon des injures retentissait déjà, il
y a 2500 ans, aux oreilles des Kshatrigales : « Con-
quiers par la sincérité le menteur, par la douceur

l'irascible, par la bonté le méchant...; supporte avec
patience les injures; bénis ceux qui te maudissent...;
ne frappe pas celui qui te frappe; en actes et en
paroles, sois plein de douceur. » La règle de la charité rappelée par Jésus se trouve textuellement dans
le Mahabaratha : « Ne fais rien aux autres de ce qui te
ferait souffrir, si on te le faisait; telle est la somme
de tes devoirs. » Et, dans Manou, cette autre recommandation presque identique à celle recueillie par
les évangélistes : « Amasse-toi le seul trésor digne de
ce nom; amasse-toi cette richesse que les larrons ne
dérobent point, et qui seule te suivra après la mort.»

Seulement la tendre fraternité des bouddhistes,
interprétée par un adepte sémitique, revêtit un caractère révolutionnaire auquel Çakia-Mouni ne songeait
pas, et qui conduisait au bouleversement social.
L'abolition de la propriété, la communauté des biens
furent le fond des premières prédications de Jésus; il
sacrifiait tout à l'établissement du royaume égalitaire
qu'il rêvait. Étant à prêcher dans une maison, on
vint lui dire que sa mère et ses frères le demandaient.
« Qui est ma mère, répond-il, et qui sont mes frères?
Et regardant ceux qui étaient assis autour de lui :
Voici ma mère et mes frères[1]. » S'il reniait les siens
qui ne croyaient pas en lui, il exigeait la même
renonciation de ses partisans, et ne laissait pas toujours à ceux qui voulaient le suivre le temps de
prendre congé de leur famille. Il défendit un jour à
l'un d'eux de le quitter pour aller ensevelir son père.

Comme tous les rêveurs de réforme, ce fut sur les

1. Marc, 3, 33.

classes les plus infimes qu'il s'appuya. certain d'être
écouté lorqu'il s'élevait contre l'ordre établi. Autour
de lui se pressait une multitude d'indigents heureux
d'entendre déclarer que les riches n'entreraient pas
dans le royaume de la justice. La foule grossissait
autour du nouveau prophète; les passions populaires
s'exaltaient. Il y eut même un moment où ses partisans voulurent le proclamer roi, espérant qu'une fois
le maître, il mettrait en pratique ses maximes d'égalité et ses promesses en faveur des pauvres.

Au moment où se passaient ces événements, les
Juifs avaient tout à craindre de revendications sociales qui pouvaient nécessiter l'intervention des
armes romaines. Il était dangereux de laisser libre
carrière aux tribuns; et l'ardeur qu'excitaient les
paroles de Jésus parmi les gens qui en retenaient
surtout ce qui flattait leur jalousie des riches et des
puissants, pouvait dégénérer en révolte ouverte.
Aussi trouva-t-on facilement un prétexte pour se
débarrasser d'un agitateur qui ne se donnait même
pas pour le Messie attendu, mais, ainsi que plusieurs
l'avaient fait dans les Indes, pour le fils de Dieu. Ce
fut ce qui le perdit. Pour des monothéistes exaltés,
prétendre être le fils de Dieu constituait le plus grand
des blasphèmes. Le temps où les prophètes parlaient
librement était passé; quiconque touchait à la loi
devait périr; et Jésus fut crucifié.

Toutefois le Christ avait prononcé des paroles qui
durent retentir longuement dans la contrée. Tous
ceux qui souffraient, tous les malheureux qui espéraient une meilleure destinée, gardèrent son souvenir. On le considéra comme ayant été immolé

parce qu'il voulait supprimer les misères de ce monde. Une légende s'établit sur son nom ; des récits merveilleux circulèrent ; et bientôt on ne vit plus en lui que le juste sacrifié pour le bonheur général. Quelques années suffirent pour que Jésus devînt un envoyé de Dieu, puis Dieu lui-même, ayant donné sa vie pour le salut des hommes. La croyance en la possibilité d'une incarnation divine n'était pas nouvelle, et les idées mazdéennes et helléniques qui avaient cours dans l'Asie occidentale complétèrent le dogme chrétien.

En attendant la rénovation sociale, les disciples suivaient les préceptes du maître. Ils continuaient à tout abandonner, et à unir leurs efforts pour établir le royaume de la justice promise. Les actes des apôtres les représentent vivant dans une solidarité parfaite. « Nul ne considérait ce qu'il possédait comme étant à lui en particulier ; mais toutes choses étaient communes entre eux [1]. » Ananie et Saphire furent tués pour n'avoir pas fait l'abandon de tous leurs biens.

Mais ces mœurs ne pouvaient être admises que par un petit nombre. Lorsque les apôtres se dispersèrent, ce communisme devint impraticable ; aussi la propagande du dogme nouveau, basé sur la mort de Jésus, fut-elle le principal objet de leurs prédications. Saint Paul rétablissait la nécessité du sacrifice, avec son caractère primitif, et remplaçait les immolations d'animaux par celui de l'Homme-Dieu, indispensable pour donner satisfaction complète à

1. Actes des Apôtres, 4, 32.

Jéhovah. La Rédemption résulta toujours du sang versé, mais d'un sang plus précieux que celui des victimes ordinaires, et par suite plus méritant.

« D'après l'ancienne loi, dit saint Paul, presque tout se purifie par le sang, et les péchés ne sont pas remis sans effusion de sang[1]. » « C'est pourquoi Jésus entrant dans le monde, dit : Vous n'avez pas voulu d'hosties, ni d'oblations ; vous n'avez pas agréé les holocaustes, ni les sacrifices pour le péché, alors j'ai dit : me voici[2]. » « Et nous avons acquis une Rédemption éternelle, non avec le sang des boucs et des veaux, mais avec son propre sang[3]. » « L'agneau qui a été égorgé, dit enfin saint Jean, est digne de recevoir puissance, divinité, etc.[4]. » Ce qu'il fallait aux chrétiens était donc une victime exceptionnelle qui, plus qu'un animal, plus qu'un homme et même qu'un enfant, satisfît la haine divine.

Un certain nombre d'entre les Juifs qui n'admettaient pas que le sang des animaux fût suffisant pour apaiser la colère céleste et qui regrettaient les rites d'autrefois, furent sans doute les premiers à considérer Jésus supplicié comme un holocauste du plus haut prix. Et pour que ce sacrifice fût absolument selon la tradition, les évangélistes nous disent qu'il eut lieu pendant la semaine du pessâ'h. Rien ne manqua à ce retour vers les anciens mystères de rédemption, jusqu'à l'antique emblème de la croix où les Hébreux plaçaient leurs victimes[5].

1. Paul, *Ép. aux H.*, 9, 22.
2. Paul, *Ép. aux H.*, 10, 4 à 6.
3. Paul, *Ép. aux H.*, 9, 12.
4. Jean, *Apocalypse*, 5, 12.
5. Voir la douzième note.

D'après la théologie romaine, il y avait en Jésus une union hypostatique entre un homme et le fils de Dieu, mais sans confusion entre les deux natures. L'homme existait en Jésus aussi réellement que le fils de Dieu; et l'église enseigne que la volonté de l'homme et celle du Dieu étaient également indépendantes. Bien plus, elle ajoute que pendant le supplice volontaire du Golgotha, l'homme seul a souffert; celui-ci offrit donc à Jéhovah un holocauste tout au moins aussi complet que celui du fils de Dieu.

Ce réveil de la foi en l'efficacité du sacrifice humain pour la rédemption des péchés, fût-il accompagné de celui d'un Dieu, paraît avoir entraîné les premiers chrétiens dans un délire d'immolation. Selon Origène, la mort des martyrs était capable d'assurer la rédemption de l'humanité, comme celle offerte par le Christ [1]. Un grand nombre recherchèrent l'occasion de périr pour le salut de tous, et voulurent imiter Jésus, joindre son propre sacrifice à celui de l'Homme-Dieu.

Saint Cyrille se donne comme une victime pour ses frères; Cantianus déclare qu'il livre son corps en holocauste; saint Thiémon exhorte les assistants à considérer son supplice comme un rachat; saint Anastase s'écrie : O Dieu, veuillez accepter mon sacrifice; saint Laurent devient une victime dont l'odeur est agréable à Dieu. Il y eut un moment de folie de la mort; ce fut l'âge d'or de l'idée chrétienne. En aucun temps la croyance en l'efficacité de l'effusion du sang humain comme moyen de rédemption

1. Origène, *Exhort. ad martyr.*, 1, 309.

ne conduisit à de si nombreux sacrifices volontaires.

Ces effervescences favorisées par la persécution, s'éteignirent après Dioclétien. La religion naissante avait reconnu au sang de Jésus une telle vertu de rachat que tout autre holocauste devenait inutile, et le sacrifice de l'Homme-Dieu était de si haut prix que lui seul devait suffire pour satisfaire Jéhovah. Mais il fallait que ce sacrifice fût, comme ceux pratiqués par les Juifs, une source de purification ; il fallait boire le sang et manger la chair de la nouvelle victime, d'autant que ce sang et cette chair étaient plus précieux que ceux des anciens holocaustes, et devaient posséder une vertu sanctifiante plus souveraine. Aussi l'eucharistie fut-elle instituée, et Jésus devint l'agneau pascal.

Le corps entier du Christ existe substantiellement dans l'hostie consacrée, au lieu et place du pain ; et la messe est le renouvellement complet des angoisses du Calvaire. Tous les jours, et des milliers de fois, les prêtres font donc subir un nouveau supplice à Jésus-Homme, puisque le Christ ne souffrit que dans son humanité. Telle est du moins la doctrine catholique ; et il y a dans cette répétition du sacrifice du Golgotha un illogisme évident, car d'après les mêmes croyances l'immolation de l'Homme-Dieu avait suffi pour le rachat définitif de l'humanité. Mais il importait que les adeptes pussent se purifier comme le faisaient les Juifs, boire le sang de l'holocauste et manger sa chair.

Les catholiques parlent toujours du sacrifice du fils de Dieu dans l'eucharistie et jamais de celui de l'homme également établi par la doctrine. D'après la

théologie, l'un et l'autre existent au même titre dans
l'hostie consacrée, et leur communion est analogue
à celle de l'ancien pessà'h, telle qu'elle existait avant
que la victime fût remplacée par un agneau, avec
cette différence toutefois que le prêtre ne boit pas
seulement le sang d'un homme, ne mange pas seulement sa chair, mais boit et mange en même temps
le sang et la chair du fils de Dieu.

Plusieurs pères de l'Église déclarent, en effet,
qu'au moyen de la communion, le chrétien mange
de la chair humaine, et considèrent ce rite comme
un acte intégrant du culte[1]. Saint Augustin dit que
les fidèles l'acceptent sans répugnance, « bien que
dévorer cette chair paraisse plus affreux que de tuer
un homme[2] ». Saint Chrysostome rappelle que Jésus
montra par son exemple à ne pas reculer devant un
acte si horrible[3]; et saint Cyrille considère même la
sainte cène comme un banquet de cannibales[4]. « Dans
la messe, dit le père Von Cochen, nous renou-
velons la passion du Christ. C'est le renouvellement
du sang versé; elle est le plus haut de tous les sacrifices holocaustes. Rayez cette immolation, et vous
n'aurez plus de christianisme[5]. »

Ce retour à la nécessité du sacrifice d'un Homme-
Dieu ne fut pas inutile à la propagation de cette nouvelle formule molochiste. Le christianisme ouvrait
une carrière inattendue à un instinct qui résultait
d'une pratique de plusieurs milliers d'années. Il se

1. Münster, IV, 383.
2. Augustin, *Cont. advers.*, 11, C. 9.
3. Chrysostome, *In Math. homel.*, 83.
4. Cyrille, *Cont. Nestorium*, IV. 4. — Münster, IV, 378.
5. Von Cochen, *Explication de la messe.*

répandit le long des rives de la Méditerranée parce que les races anciennes, entrant pour une bonne part dans la formation des peuples qui habitaient cette région, beaucoup y retrouvaient les croyances de leurs ancêtres. L'annonce de la suppression des distinctions sociales et de l'inégalité des biens séduisit en outre tous ceux qui souffraient de l'ordre établi; et l'on comprend que l'envahissement de l'empire romain fut si rapide.

CHAPITRE IX

Les religions nouvelles se sont toujours formées avec les débris du passé, et leur propagation est proportionnelle au nombre des traditions qu'elles recueillent dans leurs dogmes. Zoroastre avait déjà rassemblé en un corps de doctrine les croyances de son temps; le christianisme fut une seconde synthèse religieuse, mais plus complète, car ses éléments constituants étaient plus nombreux. Ce fut une sorte de bouddhisme entaché de molochisme; et les peuples les plus divers y trouvèrent la satisfaction de leurs instincts héréditaires.

Je ne rappellerai pas ici les analogies tant de fois signalées entre les rites de la semaine de Pâques et ceux des fêtes adonisiaques de Syrie; je ne parlerai que des emprunts faits par le dogme chrétien aux néoplatoniciens et au mazdéisme.

Héritière des traditions juives, la foi nouvelle consistait à croire que Jésus ressuscité était le messie attendu, qu'il reviendrait à travers les nues régner pendant mille ans sur les Juifs également ressuscités, et que la génération vivante ne se passerait pas sans que cette promesse ne soit accomplie[1]. Bien des adeptes déclaraient encore, à la fin du Ier siècle, que le règne de la justice se réaliserait ici-bas. Telle fut l'idée fondamentale, le point de départ du christianisme.

Mais lorsque cette religion en voie de formation franchit les limites de la Palestine, les populations qu'elle rencontra n'avaient aucun point de contact avec les traditions hébraïques. La plupart étaient imbues des conceptions helléniques ou mazdéennes, et le dogme chrétien résulta de cette rencontre; ce furent les gentils qui le constituèrent.

L'on abandonna plusieurs croyances des premiers jours, notamment le millénarisme. Clément d'Alexandrie, Origène, Denys d'Alexandrie condamnèrent définitivement le rêve juif; et l'hypothèse grecque de l'existence de l'âme fut substituée aux idées de résurrection, qui, sans être abandonnées, furent remises au jugement dernier; ce qui n'a plus beaucoup de sens puisque, d'après le dogme définitivement admis, notre destinée future commence au moment de la mort.

Les pères de l'Église naissante discutèrent longtemps sur la nature de l'âme, car chacun apportait ses conceptions personnelles. Les uns la croyaient corporelle, d'autres absolument spirituelle; on admet-

---

1. Pour que la mort de Jésus parût la réalisation de cette espérance, les apôtres enseignaient que, d'après la Bible, le messie devait être immolé pour le salut de la nation, ce qui est absolument faux. Pas un prêtre juif de cette époque n'aurait admis qu'un sacrifice humain fût nécessaire à son salut. (De Watte, *De morte Christi.* — Cohen, *Les déicides.*)

tait tantôt que toutes dataient de l'origine du monde,
ce qui ne s'éloignait pas de la doctrine de Platon,
tantôt qu'elles étaient créées séparément au moment
de chaque naissance. La même divergence exista au
sujet de son immortalité; plusieurs pères considéraient cette propriété comme un don particulier de
Dieu, accordé soit aux âmes de tous les hommes,
soit, comme le pensaient saint Justin et Tatien, à
celles des seuls élus. Saint Augustin l'admit pour
toutes.

Emprunts faits au néo-platonisme.

Quant à la nature divine, le christianisme adopta
dans leur ensemble les hypothèses de l'école d'Alexandrie. Il y trouva la définition toute faite d'un Dieu
unique en trois personnes : le Père ou la volonté
suprême, le Verbe ou le Logos, et le Saint-Esprit.
Jésus, qui s'était donné pour enfant de Dieu, fut
identifié avec le fils de la souveraine volonté.

La division du Dieu de Platon en hypostases avait
été un procédé métaphysique pour exprimer ce qui
paraissait être les trois principaux modes d'action
du premier principe organisant le second; elle devenait un contresens lorsqu'il s'est agi d'un Dieu créateur, pouvant tout par sa seule puissance. Mais les
pères de l'Église y trouvaient la filiation de Jésus;
et la seconde personne de la trinité de Plotin, celle
qui avait le plus de rapport avec le monde visible,
descendit sur terre.

Saint Jean, écrivant en grec, se sert du mot Logos
pour désigner l'hypostase qui se serait incarnée; et,

comme les Alexandrins, il désignait par ce terme l'intelligence divine, organisatrice de l'univers. Athénagore l'employait dans le même sens, et disait que le Logos est la raison ou l'intelligence de Dieu, le père. Saint Justin entendait aussi le mot Logos dans sa véritable signification platonicienne, et enseignait que le Christ, premier né du Père, est la raison universelle dont chacun de nous possède une portion.

Toutes les comparaisons que les philosophes grecs avaient employées pour représenter le Logos sont empruntées à la lumiere; les premiers pères disaient de même que Dieu est une lumière, et que son intelligence est la lumière venue dans le monde : *Lux erat verbum; Lux mundi.* Le Spiritus est également une lumière; et, pour les chrétiens comme pour les Grecs, il est le principe de tout ce qui est vivant. C'est lui qui est désigné sous le nom de *vita* par saint Jean : *Vita erat lux, et lux erat vita.* C'est l'âme du monde que Synésius appelle le troisième Dieu, envoyé par le premier pour animer l'univers.

Le christianisme naissant adopta donc la doctrine des Alexandrins en son entier, et les trois personnes de sa trinité furent identifiées avec la lumière incréée que Philon plaçait dans la région des étoiles. Il voulait aussi que son Dieu fût absolument spirituel, non pas substantiel comme celui des Aryens, non pas accompagné d'un second principe comme celui des Scythes, mais unique, dominant la matière au lieu de la subir, et souverain maître de l'espace et du temps.

Ce fut alors qu'apparut un dogme dont le passé n'avait pas semé de germe ; et il suffit d'un contresens pour donner carrière à une foi nouvelle. La version grecque de la Bible traduisit le *mot* hébreu qui, dans le premier verset de la Genèse, signifie *former* par un terme ayant en langue grecque le sens de *faire de rien* [1]. Dieu ne fut plus coéternel à la substance universelle, mais le créateur de cette substance : et sa toute-puissance habita seule l'espace pendant l'éternité qui précéda l'apparition des mondes.

Toutefois, dans les premiers temps, une telle doctrine ne pouvait être généralement acceptée, et la plupart des anciens pères se représentaient Dieu comme un être corporel [2]. Peu à peu ils modifièrent cette conception et amenèrent la divinité à une extension infinie dans l'espace. Le premier, saint Clément admit expressément l'immatérialité absolue de Dieu, créant les mondes par sa seule volonté.

L'esprit aryen, qui sommeillait chez un grand nombre, fit toujours opposition au nouveau dogme ; et Denys l'Aréopagite essaya d'y rattacher l'émanation. Les chrétiens d'origine asiatique, tels que les gnostiques, suivaient la doctrine mazdéenne, et disaient que Dieu est la source de lumière d'où sortirent les êtres spirituels et corporels. La Cabale subit la même influence ; elle enseignait que toutes choses émanent de la lumière primitive d'une ma-

1. D'après Cahen, le sens littéral de ce verset est : Les forces formèrent. (Cahen, *Trad. de la Bible*, IV, ij.)
2. Tertullien, *Adv. Prax.*, chap. vii. — *De Car.*, chap. ii. — Arnobe, *Adv. gent.*, l. i.

nière décroissante, et selon divers degrés de perfection. Mais les pères occidentaux soutenaient la création du monde tiré du néant, et ne se divisaient que sur la manière d'interpréter cette nouveauté. Saint Athanase et saint Augustin croyaient à la création dans le temps; saint Clément et Origène n'admettaient qu'une création de toute éternité.

L'hypothèse soulevait d'ailleurs une objection qui préoccupa les premiers chrétiens, surtout dans l'Orient. Le mazdéisme était né du besoin d'expliquer l'existence du mal; mais, dès que l'on admet un Dieu tout-puissant et créateur, pourquoi sa créature souffre-t-elle? Après la condamnation des gnostiques et des manichéens, les pères de l'Église ne surent plus qu'alléguer. Les uns prétendirent que le mal physique et moral n'a pas apparu par l'ordre de Dieu, qui l'a seulement permis. D'autres le considéraient comme nécessaire[1], et le font provenir en partie de la liberté humaine, en partie de l'influence des mauvais esprits[2]. Ne s'occupant que de l'humanité, saint Augustin institua le péché originel[3].

Emprunts faits au mazdéisme.

Le christianisme naissant garda de la religion des Perses la croyance fétichiste aux bons et mauvais esprits répandus dans l'espace. On enseigna que les bons étaient sous la direction de Dieu le père qui remplaça Ormutz; les méchants esprits obéirent à

1. Lactance. Div. instit., 11, 8 et 12.
2. Tertullien, August.
3. Augustin, La cité de Dieu, L. XIII.

Satan, prince des ténèbres, successeur d'Ahriman.
Cette doctrine fut introduite dans le dogme en formation par les premiers chrétiens asiatiques, dont
beaucoup étaient gnostiques ou manichéens. Lorsque
les pères latins entrèrent en lice, ces disciples de
Zoroastre furent déclarés hérétiques; mais après
avoir puissamment contribué à l'établissement des
croyances définitives.

Les manichéens restèrent franchement mazdéens.
Ils ne s'expliquaient le mal que par l'existence d'un
mauvais principe de puissance égale à celle du bien.
Nos corps provenaient du premier, et nos âmes du
second dont elles étaient émanées. D'autre part, les
gnostiques croyaient à la préexistence d'un Dieu
suprême qui, par émanation, aurait engendré une
succession d'esprits ou d'éons, lesquels devenaient
d'autant plus malfaisants qu'ils s'éloignaient davantage de leur origine. D'après Cérinthe, l'ordonnateur
de notre monde fut l'un de ces esprits, adversaire du
Logos, émané directement de la cause éternelle. Cette
doctrine enseignait donc que l'univers est l'œuvre du
démon; elle conduisit à la haine de la nature, et à
l'incarnation du Logos, nécessaire pour opposer le
bien au mal.

Le christianisme hérita en partie de ces croyances,
notamment de leur répugnance pour le monde et ses
œuvres. Toujours nous voyons apparaître les deux
principes, Satan opposé au Christ, le monde spirituel
représenté par celui-ci, et le monde matériel par le
diable. Au Christ est notre âme, à l'autre notre
corps; et la nature entière est dévolue au mal, par
son origine.

Dans leur synthèse religieuse, les pères de l'Église n'oublièrent pas l'angéologie que les rédacteurs de ia Bible avaient rapportée de l'exil. Le Pentateuque avait fait allusion aux esprits chargés spécialement des destinées de chaque nation; et Daniel parle des anges protecteurs des Grecs et des Perses, ainsi que de Michel, prince de la Synagogue, esprits célestes appelés quelquefois les dieux des peuples[1]. Chez les premiers chrétiens, issus de couches populaires encore pénétrées des plus anciennes traditions, les anges mazdéens redevinrent ce qu'étaient les esprits pour les fétichistes. « Dieu, dit saint Jean Chrysostôme, a constitué les phalanges angéliques pour gérer les choses inanimées. » « De même, dit saint Thomas, que les anges inférieurs sont régis par des anges supérieurs, de même toutes choses corporelles sont régiés par des anges. »

La morale chrétienne.

La morale du christianisme est l'héritage de préceptes déjà suivis par les religions plus anciennes, mais contredits par deux dogmes, qui ne peuvent résulter que de l'absence, chez leurs fondateurs, de tout esprit d'équité et de toute pitié : l'inutilité des bonnes œuvres sans la foi et la prédestination. On a essayé depuis quelques siècles d'en atténuer la rigueur, mais en vain. La prédestination de saint Paul et de saint Augustin pèse sur toutes les sectes chrétiennes; et, quant à l'inutilité des bonnes œuvres

---

1. Nombres, 20, 20.

sans la foi, voici ce qu'on lisait encore, en 1861, dans la *Semaine religieuse* du diocèse de Paris :

« De quelque sorte que les théologiens expliquent le mystère de la justification des hommes, il est toujours vrai, comme l'Écriture nous l'enseigne, que c'est de la foi que nos actions tirent leur prix et leur efficace devant Dieu. Je dois reconnaître que mes bonnes œuvres ne peuvent avoir de mérite devant Dieu que par la foi; c'est la foi qui leur doit imprimer le sceau de la vie éternelle que saint Paul appelle excellemment : *Signaculum justicia fidei.* Et de même, dit saint Chrysostome, qu'une pièce de monnaie qui n'aurait pas la marque du prince, quelque précieuse qu'elle fût d'ailleurs, serait censée de nulle valeur et de nul usage dans le commerce, ainsi, quoique je fasse d'honnête, de louable, et même de grand et d'héroïque, si je ne le fais pas dans l'esprit de la foi, et si tout cela ne porte pas le caractère de la foi, je ne m'en dois rien promettre pour le salut. Voilà ce qui, de tout temps, a passé pour incontestable dans notre religion [1]. »

Il est même dit que, sans le don de la grâce, l'homme doit nécessairement pécher, être damné pour avoir fait ce qui était inévitable; et ce qui rend cette doctrine monstrueuse, c'est que le Dieu des chrétiens accorde la grâce selon sa fantaisie, et à qui bon lui semble. Rien n'avait encore été imaginé d'aussi révoltant que le dogme du caprice divin dans la damnation; et telle est cependant la clef de voûte de la science théologique, qui n'a jamais compris

1. *Semaine religieuse de Paris*, 1861, p. 80.

6

que l'esprit de justice est le seul fondement de la morale.

C'est qu'en effet les premiers pères ne s'inquiétèrent pas d'attribuer à la divinité un sentiment qui, à leurs yeux, aurait été une limitation contraire à la toute-puissance. « Dieu, dit saint Paul, a compassion de celui qu'il veut... Pourquoi se plaindrait-on, car qui est celui qui peut résister à sa volonté[1]? » Saint Paul ne tenta jamais d'adoucir la barbarie de cette doctrine. Il répond d'avance aux objections qui pourraient lui être adressées, par la souveraine puissance du créateur et par son droit de disposer comme bon lui semble de ses créatures : « O homme, qui es-tu, toi qui contestes avec Dieu?... La chose formée dira-t-elle à celui qui l'a formée : « Pourquoi m'as-tu ainsi faite[2]? » Il pose une barrière qui doit arrêter toute plainte et imposer silence aux besoins de pitié qui, depuis quelques siècles, agitaient l'humanité.

Y a-t-il dans cet enseignement trace de l'esprit de charité que les apôtres bouddhistes avaient semé par leurs prédications? Est-il juste que les hommes ne soient sauvés que par un caprice divin, et que tant de malheureux, graciés cependant par le baptême, doivent fatalement subir des tortures éternelles? Ainsi malgré le précepte de Çakia-Mouni : Aimez-vous les uns les autres, qui fut également celui de Jésus, les mœurs chrétiennes dénotent la déviation que l'enseignement primitif éprouva en passant par les pères de l'Église. Le soin de son propre sort est

1. Paul, Ép. aux R., 9, 18, 10.
2. Paul, Ép. aux R., 9, 20.

l'unique étude du croyant. Il s'occupe avant tout du salut de son âme, qu'il tient en si haute estime que le reste de l'humanité n'est plus à ses yeux qu'une occasion de mérite; et s'il fait l'aumône, c'est pour le profit qu'il en espère.

Le christianisme subit nécessairement l'influence des peuples chez lesquels il se répandit. Il admettait à l'origine la spiritualité absolue de la divinité, et avait une tendance évidente à se rapprocher des traditions occidentales plutôt que de celles de la race aryenne. Aussi quelques anciennes dévotions reparurent-elles; et l'élément scythique, qui avait contribué à la formation des nations de l'Europe, retrouva sa grande déesse dans la mère de Jésus, souvent représentée portée par un serpent, tenant à la main le lys emblématique, et la tête entourée d'étoiles; parfois ses images étaient en bois noir, comme les anciennes idoles[1] : « On honorera, dit un livre approuvé, la Sainte Vierge en qualité d'épouse du Père éternel, qui a engendré en elle et avec elle Notre Seigneur Jésus-Christ; il faut honorer en elle toutes les perfections divines et adorables que Dieu le père a fait passer en sa personne, lui communiquant, avec une abondance extraordinaire, sa fécondité, sa sagesse et la plénitude de sa vie divine[2]. »

Mais, pour un certain nombre de chrétiens d'origine franchement aryenne, Dieu ne cessait pas d'être substantiel, et cette doctrine eut toujours des repré-

1. On a vainement cherché à expliquer, au point de vue chrétien, cette figure noire qui remonte à la plus haute antiquité.
2. *Manuel de piété à l'usage des séminaires*, p. 181.

sentants. En plein moyen âge, au moment de la toute-
puissance de l'Église, Scot Érigène écrivait que Dieu
est la substance de l'univers. Pour ce moine, rien
n'est réel que Dieu, et toute existence n'est qu'une
manifestation de l'éternelle réalité. Au XIII° siècle,
Amaury de Chartres disait que tout est Dieu et que
Dieu est tout. David de Dinant professait que la
divinité est la substance primordiale, conçue en
dehors de ses modes, le fond commun et partout
identique des esprits et des corps. Bien d'autres
scolastisques les imitèrent, particulièrement Bruno,
fidèle écho de Plotin. Pour lui, l'univers actuel est
tout ce qu'il peut être. C'est en développant son
unité que le principe éternel engendre la multitude des êtres; mais, en produisant des espèces sans
nombre, il ne se complique lui-même ni de nombre,
ni de relation; il reste un en toutes choses.

Les écrits de ce philosophe chrétien furent com-
damnés; et cependant, par suite de la lente influence
du sang aryen qui coule dans nos veines, malgré la
prétendue fixité de son dogme, le christianisme hésite
aujourd'hui lorsqu'il lui faut définir la nature de son
Dieu. Pour les uns, c'est toujours un pur esprit;
d'autres, fidèles aux conceptions de leurs ancêtres,
disent, avec le père Gratry, que Dieu est dans tous
les êtres réellement et substantiellement. Ces deux
doctrines sont cependant contradictoires; et, si les
chrétiens étaient à l'origine partisans de la première
hypothèse, la théologie moderne s'achemine vers la
seconde.

L'esprit général du christianisme a subi bien
d'autres changements, car toutes les religions sui-

vent l'instinct du plus grand nombre, et se sont modifiées avec le temps. Les rigueurs primitives, non consacrées par le dogme, ont été atténuées. Le purgatoire a diminué le nombre des damnés, et les enfants morts sans baptême ne sont plus voués aux flammes éternelles. Malgré ces adoucissements, le christianisme n'en doit pas moins rester immuable sur trois .points qui causeront sa ruine : le sacrifice d'un Homme-Dieu, la prédestination qui pèse sur tous et la damnation.

Le brahmanisme fait disparaître le mal dans une destruction universelle, le christianisme le perpétue; et l'existence de l'enfer, qui n'est pas un séjour d'expiation dans le but de faire rentrer l'homme en grâce, mais qui change au contraire un mal passager en un mal définitif, est en réalité le triomphe du mal sur le bien. L'absence d'une réconciliation finale de toutes les créatures avec Dieu, et l'éternité des peines sans utilité pour les condamnés, éternité qui change la justice et l'expiation en une pure vengeance, a donné à cette religion un fond de barbarie dont elle ne se dépouillera jamais. Cette damnation la place bien au-dessous du brahmanisme et du bouddhisme, et elle appartient à un ordre d'idées beaucoup moins élevé que celui qui inspira les dogmes indiens.

Le Dieu des chrétiens est bien toujours le Jéhovah sans pitié qui ordonna aux Hébreux d'immoler leurs premiers-nés, et qui, dans les sacrifices répétés de Jésus, se repaît encore aujourd'hui d'holocaustes sanglants. S'il n'a plus d'autres victimes humaines, il lui reste les souffrances de l'enfer; et, même après la destruction de l'univers, les angoisses des réprouvés

6.

donneront éternellement satisfaction à sa cruauté. C'est toujours le dieu des Sémites, le Moloch avide de supplices, qui pouvant oublier ceux qui l'ignorent, les prédestine à cette ignorance afin de les frapper, et les ressuscitera pour avoir le spectacle de tortures qui ne finiront plus.

DEUXIÈME PARTIE

CHAPITRE PREMIER

CRITIQUE DE LA DOCTRINE SCYTHIQUE

Il me reste à étudier les différentes hypothèses successivement proposées pour expliquer l'origine des choses. Je les suivrai dans l'ordre de leur apparition, car elles s'enchaînent, et dérivent, sauf chez les Aryens, de la croyance primitive en des esprits résidant dans tous les corps de la nature. La première de ces hypothèses nous vient d'une population septentrionale que nous avons désignée sous le nom de Scythes; elle suppose l'existence primordiale de deux causes coéternelles : 1° un esprit unique et seul actif; 2° une matière composée de molécules absolument passives. L'univers résulterait de l'action constante de l'esprit sur la matière, du premier principe sur le second.

Mais, depuis qu'il étudie la nature, depuis qu'il analyse les corps et se rend compte de leurs combinaisons, jamais l'homme n'a rencontré une molé-

cule inactive, et la science reconnaît à toutes des
aptitudes constantes ou accidentelles, selon leurs
associations. De telle sorte que les partisans de la
doctrine qui nous occupe n'ont d'autre ressource
que de refuser la spontanéité d'action à ces molécules dont ils reconnaissent cependant l'activité présente, et de soutenir, tantôt que cette propriété leur
fut communiquée dans un temps avant lequel elles
étaient inertes, tantôt que l'activité leur fut transmise
de toute éternité par le principe immatériel.

Si l'on suppose un commencement à l'action, si
l'on admet le sommeil antérieur du premier principe
qui entraîne nécessairement le repos du second, il y
a. ait eu dans l'espace, pendant un temps, si court
soit-il, deux principes éternels dont la finalité aurait
été nulle; c'est-à-dire deux causes éternelles qui
n'auraient pas été causes, ce qui est absurde, car s'il
n'y a pas d'effet sans cause, il n'y a pas de causes
éternelles sans effets constants. L'on ne peut donc,
dans l'hypothèse des deux principes, admettre un
commencement à l'action de la matière, sans détruire
le principe qui la meut, puisqu'un repos d'un seul
instant suspendrait son activité nécessaire, et le
réduirait aux proportions d'une cause finie.

Il faut arriver à la seconde hypothèse, et considérer l'activité de la matière comme éternelle, sous
l'influence d'un moteur qui lui-même est actif de toute
éternité. Mais alors, comment refuser aux molécules
qui constituent l'univers la spontanéité d'action; et
pourquoi séparer ce qui est inséparable? Une chose
existant dans une autre de toute éternité n'est-elle
pas en réalité la propriété du sujet qui la possède, et

n'est-il pas plus rationnel de considérer la force, l'instinct et l'étendue comme les attributs inséparables d'une seule et même réalité, l'atome substantiel?

Le principe spirituel du scythisme n'en devint pas moins le Dieu d'Aristote et de Platon, qui lui reconnurent une personnalité souveraine. Mais puisque ce Dieu doit pénétrer la matière pour la rendre active, comment expliquer son action, s'il possède une personnalité qui ne lui permet pas de se partager? Il faudrait qu'il fût scindé en autant de fractions qu'il y a de molécules matérielles actives dans l'univers, afin de trouver dans cette division la raison des propriétés si diverses et si opposées de ces molécules; et, comme tout ce qui existe est actif jusqu'à l'atome, il faudrait que la personnalité divine fût réduite ellemême en atomes spirituels pour devenir la cause possible des actions atomistiques. Le dieu de Platon est donc, par sa constitution hypothétique, dans une situation incompatible avec les fonctions que ce philosophe lui attribue, puisqu'il n'explique rien s'il reste simple, et qu'il n'existe plus, en tant que personne, s'il se divise.

Pour échapper à ces difficultés, quelques spiritualistes ont parfois reconnu aux atomes une sorte de force aveugle, expliquant les faits matériels, et restreignirent l'intervention du principe divin, qu'ils appellent ici l'âme du monde, aux seuls phénomènes vitaux. Ils abandonnent la matière aux forces aveugles qu'ils supposent lui être inhérentes; et ils admettent qu'une portion de l'âme universelle vient animer un certain nombre d'atomes privilégiés, et habiter, pendant quelque temps, dans une organisation éphémère, pour retourner ensuite vers le foyer commun.

Mais ce fractionnement du premier principe, utilisé pour animer les êtres vivants, même en restreignant son application aux seuls êtres intelligents, n'est pas plus admissible. Comment expliquer l'existence des êtres pensants, agissant chacun avec une volonté qui lui est propre, s'ils sont mus par un principe unique? Comment expliquer leur apparition en ce monde si la personnalité de ce principe est indivisible? Il faudrait que celle-ci fût scindée en autant de fractions qu'il existe de personnalités contingentes dans l'univers. Que deviendrait l'intégrité du moi divin si, par une action logiquement impossible, il se subdivisait en une multitude d'êtres distincts, ayant chacun leur moi particulier? Il n'y aurait plus, dans le monde idéal comme dans le monde réel, que des êtres finis; et, dès l'instant que ce que l'on appelait l'âme du monde aurait formé un être personnel quelconque, il n'y aurait plus, pendant l'existence de sa créature, que deux êtres limités l'un par l'autre.

De son activité volontaire, l'homme conclut à sa personnalité; et alors même qu'il arrive à concevoir l'infini substantiel, il s'y comprend, en s'en distinguant. Il lui suffit donc de reconnaître l'existence de son moi, pour rendre impossible, hors de lui-même, toute personnalité infinie. Il nie implicitement l'infini en tant que personne, puisqu'un être fini et un autre infini ne peuvent exister simultanément soit physiquement, soit métaphysiquement; et de l'existence du moi dans le fini l'on doit conclure nécessairement à la non-existence de la personnalité dans l'Être infini.

Pour sauver cette personnalité, quelques philosophes ont proposé l'hypothèse d'un Dieu qui commande et d'éléments coéternels qui obéissent. Mais pour recevoir et suivre des ordres, il faut que ces éléments comprennent ce qui leur est commandé. Cette doctrine suppose donc que la matière possède une sorte de connaissance, car la loi d'une volonté qui ordonne ne peut s'adresser qu'à une volonté qui obéit. Le principe spirituel n'agirait plus ici que pour diriger selon ses vues une force et une intelligence préexistantes, et troubler la succession de phénomènes qui devaient suivre un ordre fatal. Mais comme le propre de toute volonté est d'obéir ou de désobéir, il en résulterait que la nature peut faire ou ne pas faire ce qui lui est ordonné; et c'est à cette conséquence inévitable qu'aboutissent tous les systèmes qui font dériver les lois de l'univers d'un principe pouvant créer les éléments actifs, ou les discipliner.

Dans les dogmes qui ont pour point de départ soit la doctrine d'une création faite de rien, soit la doctrine d'un maître qui ordonne, l'on ne parle que de séditions. La rébellion se retrouve à chaque instant dans les cosmogonies poétiques qui résultent de ces dogmes. Les êtres les plus élevés comme les plus infimes se révoltent et rivalisent avec Dieu. Devenu le théâtre d'un éternel conflit de volontés contraires, le monde est livré à la puissance de deux ennemis; et le créateur ou l'ordonnateur universel, ne pouvant accomplir ses desseins, tombe dans les plus étranges contradictions. Il viole ses propres lois, se trouve obligé de faire des miracles afin de convaincre ceux qui le nient, et, malgré lui, l'anarchie règne sur la terre comme au ciel.

Pour avoir créé par caprice des êtres immortels, le Dieu des chrétiens voit ainsi sa puissance limitée, et sa volonté rester sans effet. Les anges et les hommes deviennent des rivaux qui ont, par le fait de leur liberté et de leur durée, le pouvoir d'être en perpétuelle opposition avec lui. Il est vrai que Dieu se venge; mais cette vengeance ne change pas le mal en bien, puisqu'au contraire elle le perpétue; et l'éternité du supplice des rebelles n'est qu'une preuve éternelle d'impuissance.

Ce fut vers le commencement de notre ère que le premier principe devint, non plus l'ordonnateur du second, mais son créateur, et les chrétiens admirent l'existence primordiale d'un Être simple et absolument spirituel qui tira la matière du néant.

Cette hypothèse soulève de nouvelles objections. Entre l'univers et sa cause proposée, y a-t-il un rapport logique que l'intelligence puisse saisir et comprendre, au moyen duquel, en remontant de l'effet à la cause, ou en descendant de la cause à l'effet, on puisse connaître l'un par l'autre? Évidemment non, puisque l'effet serait d'une nature opposée à la cause, et que l'univers, qui est un effet étendu, ne peut être conçu comme provenant de l'Être immatériel et inétendu qui lui est donné pour principe. Dans cette hypothèse, le rapport qui lie l'effet à la cause n'existe pas.

Les spiritualistes répondent que cette objection

n'en est pas une, puisque, d'après leur doctrine, la cause éternelle forma l'univers de rien; et ils appellent création cet acte considéré par eux comme caractéristique de la toute-puissance. Voyons donc si un Dieu pur esprit, simple et solitaire, peut être considéré comme une cause active.

La notion de cause ne s'attache pas seulement à l'existence de l'Être primordial, mais à son action. Pour être cause, il ne suffit pas d'exister, il faut agir; et pour agir, il faut un rapport, c'est-à-dire la présence de deux ou plusieurs termes, sans quoi il n'y a pas d'action possible, puisque la raison de toute action est dans un rapport nécessaire. Or le principe immatériel des partisans de la création étant solitaire, il n'existe ni en lui, ni hors de lui, un second terme qui puisse déterminer l'action. Avec sa simplicité et son indivisibilité constitutionnelles, si on veut lui laisser l'existence, il sera, mais il ne sera pas cause. Il ne pourra être ni actif, ni passif, le sujet et l'objet de l'action n'existant pas en lui; et la loi rationnelle d'un Dieu simple et solitaire serait le repos invincible et absolu.

Quelles que soient les affirmations des spiritualistes, il est indéniable que, pour leur Dieu, créer est une action, et que les deux termes de cette action n'existent pas, puisqu'il n'y aurait eu, *in principio*, qu'un Dieu solitaire. Dire qu'il a tiré l'univers du néant, par un acte de sa seule volonté, c'est prétendre qu'il a exercé une action sur rien, à moins qu'on ne substantifie le néant, et qu'on n'en fasse un objet réel, ce qui serait encore une contradiction. L'attribut de la toute-puissance ne le sauve pas de l'inaction, car lorsque l'action est impossible, la toute-puissance est nulle.

Aussi la création des mondes par un principe immatériel et solitaire n'est-elle pas seulement une solution fausse par l'opposition de nature qui existe entre la cause et l'effet, mais elle l'est également par l'absence d'un second terme qui est la condition nécessaire de toute action.

Agir, d'ailleurs, c'est vouloir pour un motif quelconque; et en admettant un moment la possibilité de la création, pourquoi l'Être unique qu'on nous propose aurait-il créé, puisqu'il est parfait et que rien ne lui manque? Si l'on admet qu'il était dans sa nature de créer, il a toujours voulu créer. Il ne peut y avoir un temps pendant lequel il demeura inactif, puis un second temps pendant lequel il se plut à agir. Si donc ce Dieu a voulu, c'est de toute éternité; cette volonté toujours efficace ne peut avoir ni commencement, ni fin; et l'éternité de sa volonté entraîne l'éternité de la substance créée. Mais, que celle-ci lui soit coéternelle par sa volonté nécessairement toujours identique, ou qu'elle le soit par contemporanéité, la toute-puissance du Dieu proposé est détruite par l'impossibilité où il se trouve de se séparer de son œuvre.

Cette objection est insurmontable; aussi, pour sauvegarder cette hypothèse, a-t-on été contraint de concevoir l'entité divine à l'image de l'homme. On donne ainsi à l'infini les caractères du fini; et le motif de la création ne pouvant être pris dans l'ordre des choses nécessaires, on l'emprunta à celui des choses relatives. A cette demande : Pourquoi Dieu a-t-il créé dans le temps? on a cru faire une réponse sans réplique en disant qu'il créa pour manifester sa puissance et sa gloire. Voilà donc la cause éternelle rapetissée aux proportions d'un être contingent. La voilà recherchant les louanges, comme si les satisfactions de la vanité qui supposent des égaux au-dessus desquels on veut s'élever, pouvaient exister dans l'infini. Les proportions gigantesques que l'on donne à ce prétendu besoin de louanges, ne changent pas la nature d'un sentiment qui ne peut naître que lorsqu'il existe des rapports de rivalité ou de supériorité relative.

En acceptant même le désir de gloire comme motif de la création, abstraction faite de ce qu'il y a d'absurde dans cette hypothèse, la raison devrait encore y reconnaître tous les caractères de la nécessité. Ou ce désir résultant de la nature de Dieu est éternel, ou il est accidentel et n'est plus qu'un caprice. Dans le premier cas, il faut admettre, avec son éternité, sa nécessité, qui entraîne l'éternité de l'univers, car on ne peut supposer sans contradiction, dans une cause toute-puissante, un besoin éternel qui ne soit pas éternellement satisfait. Dans le second cas, il n'est qu'un accident, l'idée de l'éternité de la cause est détruite. Il n'est plus possible de retrouver les conditions et les notions d'une cause infinie dans ce Dieu, sujet aux changements, dont les actions sont sans motif nécessaire, et la puissance sans efficacité constante.

Le raisonnement nous ramène donc toujours à placer dans la cause première une nécessité absolue, une loi suprême qui la domine. Cette idée de nécessité s'élève au-dessus de tous les motifs d'action que l'on peut supposer, et l'oblige d'agir éternellement sous peine de perdre son caractère de cause première.

CHAPITRE II

Bon nombre de philosophes, soit par instinct de race, soit que leur raison ait reculé devant les objections que soulève l'hypothèse d'un créateur pur esprit, n'admettent plus la spiritualité absolue de la cause première. Ils supposent l'existence d'une substance infinie, génératrice de l'univers, et la considèrent comme éminemment simple, pour lui conserver une personnalité souveraine. Ils appellent Dieu cette substance envisagée en dehors de ses formes temporelles, et la séparent, par une abstraction constante, de ses manifestations phénoménales.

« Notre Dieu, dit Malebranche, c'est l'Être sans aucune restriction, ni limitation. Il renferme en lui-même tout ce qu'il y a de réalité dans les êtres. Notre Dieu est tout ce qui est. » « Ôtez, ajoute Fénelon, toute différence qui resserre l'Être dans les espèces, vous demeurerez dans l'universalité de l'Être, et, par conséquent, dans la perfection infinie de l'Être lui-même. Quand je conçois que nulle différence ne peut jamais le faire déchoir de sa sim-

plicité universelle, je conçois qu'il peut également
tirer de son Être simple et infini les esprits, les
corps et toutes les autres essences possibles qui cor-
respondent à ces degrés inférieurs de l'Être. Il est
visible qu'on ne peut trouver l'infini que dans l'universalité de l'Être. » « C'est ainsi, conclut Leibnitz,
que la dernière raison des choses doit être dans une
substance nécessaire, dans laquelle le détail des
changements ne soit qu'éminemment, comme dans
sa source, et que nous appelons Dieu. »

La doctrine du catholicisme moderne ne laisse
subsister aucun doute sur cet acheminement vers les
conceptions aryennes. Nous lisons dans le traité de
la connaissance de Dieu du père Gratry : « La plus
saine, la plus incontestable philosophie et la plus
rigoureuse théologie enseignent que Dieu est dans
tout être réellement et substantiellement. Donc, si
Dieu est dans cette pierre, je le touche implicitement en la touchant. » Et plus loin : « Dieu est infiniment présent par la substance à tous les lieux et
à tous les êtres... Si, par hypothèse, vous anéantissez
les limites de votre corps et de votre esprit pour ne
conserver que l'essence de votre être, si vous faites
la même supposition à l'égard de tous les êtres
vivants et de tous les corps qui peuplent l'espace,
vous obtenez comme résultante un infini substantiel
qui est notre Dieu. »

Oui, sans doute, si je détruis par la pensée tous
les aspects phénoménaux de l'univers, une substance
infinie demeurera, composée de tout ce qu'il y avait
de matériel dans les corps et de toutes les forces qui
les avaient constitués. Je conçois l'existence de cet

infini, doué des attributs nécessaires à sa nature de cause, et qui, existant par lui-même, est la raison suffisante des changements qui s'opèrent spontanément dans son propre sein. Mais, au nom de la science et de la raison, je rejette la simplicité et la personnalité que l'on prétend lui attribuer.

Si, par impossible, un Être infini et simple trouvait en lui-même la raison d'une action quelconque, il ne pourrait engendrer l'univers de sa propre substance qu'en cessant d'être simple, pour prendre des caractères et des qualités diamétralement opposés à sa nature immuable; et tous les corps qui constituent le monde, étant le produit d'un Être indivisible, seraient autant d'effets en contradiction avec leur cause[1]. On ne peut donc admettre la simplicité de l'infini substantiel sans nier l'univers phénoménal, car affirmer tout à la fois l'existence de l'infini simple et du contingent, équivaudrait à dire que le Tout est simple et qu'il ne l'est pas.

Que deviendrait, dans cette hypothèse, la personnalité de la substance déifiée? Ou bien elle absorbe toutes les personnalités particulières qui existent dans l'univers, et il n'y aurait dans ce cas aucun autre être personnel possible que l'entité des métaphysiciens; ou bien tous les mois particuliers existent dans le moi divin. Il n'y a pas une troisième solution. Or la première est inadmissible puisque nous avons con-

---

1. Les Brahmines, les Bouddhistes, les Eléates et quelques Alexandrins qui divinisèrent la substance, furent forcés d'admettre, pour établir la personnalité de leur Dieu, que les phénomènes de l'univers ne sont que des apparences, n'ayant aucune réalité.

science de notre personnalité. L'homme sera toujours un être pensant dont l'existence établit entre lui et l'infini personnel une distinction de personne à personne, les limitant l'une par l'autre. Dans la seconde solution, Dieu serait une collection de mois, et non un véritable Être personnel ayant son individualité réelle, et pouvant s'affirmer, en présence de toutes les autres personnalités qui s'affirmeraient en même temps que lui.

Pourquoi, d'ailleurs, pour constituer la personnalité de la cause première, devons-nous détruire les phénomènes qui précisément témoignent de sa réalité? Qu'atteint-on en rejetant les modes contingents qui ne sont que la substance dans ses actes, et qu'espère-t-on rencontrer en la dépouillant de sa raison d'être? Puisqu'elle n'existe que par les attributs nécessaires à sa causalité, qu'est-ce que cet anéantissement des propriétés qui la constituent, sinon la cessation de tout mouvement, le néant d'action et de puissance? Qu'est-ce enfin que cette entité métaphysique résultant de toutes les négations? Quel est cet être qui n'en est plus un, cette substance inerte proposée à notre adoration?

Ne pouvant répondre à ces questions, les spiritualistes mettent la difficulté qu'ils éprouvent sur le compte de la faiblesse de l'esprit humain, et nous disent : « Pas plus que nous, vous ne pouvez connaître les mystères de l'infini, et vos critiques ne sauraient atteindre l'incompréhensible. La seule chose qui soit à notre portée est l'étude du contingent; et nous savons que l'esprit humain possède des qualités, telles que la bonté et l'équité, par exemple, dans une proportion limitée. Or, nous concevons une bonté et une justice infinies, donc un Être les possédant éminemment doit exister. » Après avoir ainsi caractérisé la personnalité de leur Dieu, en portant à l'infini quelques-uns de nos phénomènes psychiques, les spiritualistes soutiennent donc que ces phénomènes ne se manifestent imparfaitement chez l'homme que parce qu'ils résident à l'état parfait dans la cause première.

C'est l'argument de saint Thomas, au temps où l'Église ne songeait pas encore à faire de la divinité la substance universelle : « Nous voyons, dit-il, l'être et la vie, mais limités ; des traces de beauté, de bonté, mêlées à des contraires. Mais la bonté imparfaite de ce monde nous fait comprendre la bonté infinie, sa beauté empruntée la beauté absolue. » Bêcle disait de même : « Les perfections de Dieu sont celles de nos âmes, mais il les possède sans bornes... En pensant à nous, nous pensons à Dieu, en concevant que ce qui est borné en nous est en lui sans bornes. » Et le père Gratry : « Les perfections de Dieu sont celles des créatures, moins les limites. Il y a des traces de beauté, donc il y a une beauté suprême. »

En d'autres termes, ce Dieu est un modèle idéal constitué avec les éléments de la réalité. Sa perfection n'est qu'une généralisation de qualités diverses auxquelles il est impossible d'attribuer une existence objective, puisqu'elles résultent de telle ou telle disposition cérébrale, et n'existent pas au dehors du sujet qui les possède. Ce sont des mots pour désigner certains états intellectuels, toujours relatifs, et souvent éphémères.

7.

Comment composer un être réel avec des impressions éminemment personnelles, comme celles qui résultent par exemple de ce que nous appelons la beauté, qui dérivent d'une appréciation variable selon les races d'abord, et les individus ensuite? Les spiritualistes constitueraient-ils leur entité avec tous les idéals de beauté qui ont apparu successivement dans l'humanité[1]? Il en est de même de la bonté, conséquence d'aptitudes acquises par une longue suite de générations. C'est une qualité contingente, un phénomène du cerveau qui disparaît avec lui; et l'on ne peut soutenir que nous possédons ce sentiment dans une proportion finie parce qu'il existe à l'état infini dans l'entité divine, puisqu'il n'est qu'un rapport ne pouvant exister dans un Être simple et solitaire.

Autre chose est la perfection relative que nous concevons d'après les aptitudes de notre race, et la perfection absolue qui n'est pour nous qu'une abstraction; autant la première est claire, autant l'autre est obscure. Ce que nous appelons la perfection se rapporte toujours à un type déterminé; mais la perfection en soi est inintelligible; c'est de l'idéal. Pour donner une sorte de réalité à cette idée, on est obligé de prêter à Dieu les propriétés de la nature humaine; ce que l'on appelle l'Être parfait n'est autre chose qu'un homme parfait, selon nos conceptions.

Puis, pourquoi ne pas accepter toutes les manifestations de la substance, et choisir parmi les actes psychiques pour en porter à l'infini quelques-uns seulement? Nos sentiments, quels qu'ils soient, ne

1. Voir la treizième note.

dérivent-ils pas tous des conditions dans lesquelles ils se sont développés, et de ce que les spiritualistes appellent l'accident? Pourquoi doter ce qui est éternel de ce qui ne résulte que de cet accident, et surtout pourquoi lui attribuer telle manifestation de l'activité cérébrale plutôt que telle autre? L'homme a toujours fait ses dieux à son image ; et c'est parce que l'esprit de haine et de vengeance existe chez celui des chrétiens, dans une proportion infinie, que le feu de l'enfer doit durer éternellement.

L'existence du mal sera toujours la pierre d'achoppement des systèmes spiritualistes. La douleur et les misères de la vie s'expliquent si l'univers résulte de l'activité incessante d'une substance inconsciente, si les êtres qui peuplent notre sphère subissent fatalement leurs conditions d'existence. Mais si l'univers a été ordonné par une infinie bonté, jointe à la toute-puissance, pourquoi ces carnages que le néant seul pourrait interrompre? D'où vient que nous foulons sous nos pas les débris de générations amoncelées, qui toutes ont connu les angoisses de la mort[1]?

Aussi les spiritualistes sont-ils réduits à soutenir qu'en définitive le mal ici-bas n'est pas si considérable. Smith prétend même qu'il remplit une mission, suite nécessaire d'un plan combiné pour le développement de l'univers, et que si ce monde n'est pas le plus heureux de tous les mondes possibles, il n'en est pas moins le produit des lois divines qui régissent les faits généraux et particuliers. Telle était

1. Dans les Indes, bon nombre de fanatiques ont enseigné que l'homme devait tuer incessamment pour se rendre la divinité favorable, en participant à son œuvre.

également la thèse de Malebranche, qui amoindrissait ainsi son Dieu dont la toute-puissance ne devait pas avoir besoin, pour arriver au règne du bien, de passer par celui du mal. Quelques philosophes déclarent que le mal n'est qu'une privation du bien, mais une diminution de la bonté infinie ne fait pas la méchanceté. D'autres soutiennent que les êtres contingents doivent cette absence de bien à leurs limites, sans expliquer pourquoi la puissance divine les a créés avec cette imperfection.

Il sera toujours aussi impossible d'accorder l'existence du mal avec celle d'une cause substantielle et personnelle, que de concevoir comment serait sorti d'une telle cause l'innombrable essaim des mondes stellaires, par un procédé qui aurait détruit sa simplicité. Cette génération de l'univers est un rêve dont le non-sens n'est égalé que par le système de la création. Ni l'un ni l'autre n'établissent, entre la cause et l'effet, le rapport nécessaire, la loi par laquelle la cause est cause et produit son œuvre; si bien que ses partisans, après avoir invoqué la raison, finissent par la condamner, et se réfugient dans un dogme sans contrôle.

CHAPITRE III

LA DOCTRINE ATOMIQUE

Tandis que l'idée spiritualiste opérait ces évolutions, une autre hypothèse s'était peu à peu développée. Le raisonnement avait conduit quelques grands esprits de l'antiquité à placer l'origine de l'univers dans l'association d'atomes substantiels, existant de toute éternité dans l'espace. Leucippe, Démocrite, puis Épicure furent les promoteurs de cette doctrine. Sans prétendre que l'atomisme soit l'expression définitive de la vérité, l'on peut affirmer que cette hypothèse est la plus rationnelle de toutes celles que l'homme ait encore conçues.

La cause première de l'univers doit être substantielle et complexe, et c'est entre une telle cause et lui qu'il y a rapport logique de nature. C'est dans le nombre des éléments d'une substance éternelle que se trouve la relativité nécessaire à l'action; et l'on doit admettre que ces éléments primordiaux sont infinis en nombre, puisque la substance est infiniment répandue dans l'espace. L'unité de ce nombre est l'atome, principe constituant des corps, et la raison seule le conçoit au delà de toute observation sensible. Ce n'est que dans une telle cause dont les éléments possèdent tous les attributs nécessaires à leurs fonctions, que l'on peut trouver la raison des phénomènes et de leurs rapports.

Comme toutes les causes premières proposées, celle des atomistes est incompréhensible parce qu'elle est éternelle, et qu'elle n'a pas d'explication possible. Elle est parce qu'elle ne peut pas ne pas être, puisque seule elle donne raison de l'existence de l'univers. Sa preuve est sa nécessité; et les attributs que l'on doit lui reconnaître par la nature même de ses œuvres sont également incompréhensibles, attendu que ce qui lui est inhérent est comme elle éternel.

L'atome est la dernière partie indivisible des corps, la première de toutes les unités simples, l'unité substantielle principe de l'étendue, occupant la plus petite portion possible de l'espace, car il faut attribuer logiquement une étendue quelconque à l'atome puisqu'il est l'élément constitutif des corps. L'on peut sans doute par la pensée diviser un corps en deux, en cent parties, et cela indéfiniment; mais, en fait, il arriverait un degré de division au delà duquel on ne pourrait poursuivre sans anéantir la substance elle-même, qui ne saurait être divisée à l'infini sans perdre toute réalité. Nous devrions, en effet, chercher les éléments de l'atome dans ses divisions; et, celles-ci se subdivisant à l'infini, nous poursuivrions en vain un être nécessaire qui échapperait toujours.

DE L'ÉGALITÉ DES ATOMES

La substance est un nombre parfait auquel rien ne peut être ajouté, ni retranché, et dont toutes les unités possèdent les mêmes propriétés. Le rapport qu'elles ont entre elles est la première raison de leur action, et leur égalité essentielle est attestée par l'existence de cette activité commune, et par la nécessité d'une cause multiple. C'est à la condition d'admettre l'identité des atomes que l'on peut concevoir la succession incessante des phénomènes, et c'est par la réciprocité de leurs propriétés nécessaires qu'ils peuvent concourir à l'harmonie universelle, et que la substance est une, bien que multiple [1].

L'apparente contradiction de l'égalité des causes et de l'inégalité des effets résulte de la diversité des circonstances et des milieux sous l'influence desquels s'opèrent les associations d'atomes. Cet élément primordial n'est jamais inégal à lui-même ; il agit spontanément dès que la possibilité s'en présente, et peut concourir successivement aux fédérations les plus diverses, sans que l'on puisse en induire une supériorité originelle pour aucun d'eux. Chacun des corps dont il fait partie, loin de limiter l'exercice de son activité, lui offre le moyen de se manifester par la série interminable des phénomènes dont il est à la fois la substance et l'ouvrier.

Un atome solitaire ne pourrait être cause, attendu

1. L'atome des chimistes est une association stable d'atomes primordiaux avec lesquels il ne peut être comparé.

qu'il serait incapable de trouver en soi ou hors de lui
le rapport nécessaire à l'action. Mais, si l'on en suppose un second, possédant comme le premier la puissance efficace, la possibilité d'agir étant donnée par
le fait même de l'existence simultanée de deux termes,
ils pourront en s'associant générer un être contingent qui sera le produit phénoménal de ces deux
éléments primordiaux, et qui trouvera sa raison
d'être dans leurs actions réciproques. Si, au lieu
de deux, on suppose dans l'espace une multitude
d'atomes, tous doués d'une activité égale, l'on aura,
dans leur concours, l'explication de l'univers; et
cette explication étant en rapport exact avec la réalité, sera la vérité.

DES ATTRIBUTS DE L'ATOME

Pour pouvoir générer l'univers, l'atome doit posséder trois caractères ou trois attributs, qui sont
l'étendue ou la matière, le mouvement ou la force, et
l'instinct ou la connaissance immédiate. Il n'est pas
plus force que matière, pas plus matière que connaissance immédiate. Ce sont trois réalités éternelles
constituant l'être nécessaire qui, par association avec
ses semblables, engendre toutes choses.

De toute éternité, l'atome est animé d'une vibration initiale et d'un mouvement de translation dans
l'espace, dont nous ne pouvons expliquer l'origine,
puisqu'ils sont éternels. Cette vibration et ce mouvement se modifient incessamment suivant les impressions reçues des atomes voisins; et cette modification

étant la conséquence d'un rapport, il ne faut pas
demander quelle est la cause, mais quelles sont les
causes des phénomènes. Leur ubiquité nous donne
une nouvelle preuve que la substance est constituée
d'un nombre infini d'éléments identiques possédant
une activité suffisante pour agir réciproquement les
uns sur les autres, et générer l'univers.

La connaissance spontanée de l'atome est aussi
incompréhensible que tous ses autres attributs ; mais
elle existe parce qu'elle ne peut pas ne pas être. Elle
est la propriété de toute cause première sans qu'on
puisse la concevoir et la définir que par son existence même. Les partisans d'une cause immatérielle
accordent sans difficulté cet attribut à leur principe
hypothétique qui, même en comparaison de la
petitesse incalculable de l'atome, n'est, par sa privation d'étendue, qu'un véritable néant ; et il est certainement plus logique de placer la puissance et la
connaissance spontanée dans une réalité substantielle, que dans une entité immatérielle.

L'instinct qui génère et gouverne les corps inorga-
niques et organiques, nous fournit la preuve directe
de la science immédiate de la substance. Dans toutes
les fédérations d'atomes, cet instinct, modifié par
l'association même, se révèle par des actes spontanés, particuliers à chacun de ces phénomènes ; il
se manifeste, chez les animaux, dans la formation de
l'être et de ses organes, dans ses actes vitaux et
inconscients. Mais lorsque l'organisation devient
plus complexe, et par cela même plus exposée aux
causes fortuites de destruction, le seul instinct ne
suffit plus à protéger l'animal ; et les atomes génèrent

fatalement l'organe propre à des fonctions nouvelles. C'est alors que l'on voit apparaître la connaissance relative et les actes libres, nécessaires aux animaux supérieurs, et surtout à l'homme, pour se défendre et vivre.

La science immédiate de la substance n'est donc pas plus que sa force une hypothèse dénuée de démonstration. Ces deux attributs agissent nécessairement, sans antériorité pour aucun d'eux, selon la possibilité d'action déterminée par les milieux, et se révèlent dans toutes les associations d'atomes par des actes spontanés propres à chacune d'elles. Mais il importe de ne pas assimiler la science immédiate de la substance à la science médiate de l'homme.

Celle-ci consiste en idées qui sont les images des choses, les représentations animalisées des sensations. Elle est un produit conditionnel, soumis à des rapports que les circonstances déterminent. La science immédiate de l'atome n'est pas soumise à des conditions d'existence; elle ne se compose pas d'idées parce que, dans ce cas, elle serait un phénomène qui aurait ses causes dans deux termes distincts et préexistants, et parce qu'elle ne serait plus une propriété éternelle, mais une acquisition conditionnelle et contingente. Toutes ses manifestations sont spontanées dans le temps et dans l'éternité. Elle existe virtuellement dans l'atome, comme l'étendue et la puissance, avec lesquelles elle est dans une corrélation parfaite, de telle sorte que la puissance n'agit pas sans la science, ni la science sans la puissance; et cela sans antériorité pour aucune d'elles, puisque l'une et l'autre sont éternelles.

Ne dépendant d'aucun rapport préalable, l'instinct des atomes n'est donc précédé d'aucun acte de volonté raisonnée; et l'hésitation, les tâtonnements qui caractérisent nos actions ne sont pas possibles pour la substance. Le monde et tous les êtres qu'il renferme sont une production sans type, une œuvre que la cause accomplit incessamment, sans avoir besoin d'en concevoir et d'en mûrir le plan, car le plan de l'univers est l'univers lui-même. Nous ne pouvons donc nous appuyer sur la science humaine pour en induire une ressemblance quelconque avec la connaissance instinctive de l'atome, qui ne se comprend pas, parce qu'elle n'est pas susceptible d'analyse, parce qu'elle n'existe pas dans les conditions de la science réfléchie; et il n'est pas plus rationnel de concevoir l'infini à l'image du fini, que le fini à l'image de l'infini.

On objecte qu'il y a dans cette hypothèse un défaut de rapport entre la nature de la cause proposée et celle de l'effet, et qu'un premier principe inconscient ne peut générer des êtres conscients. Mais on oublie que la science des atomes, étant spontanée, est d'une autre nature que celle de l'homme qui existe par le phénomène des idées, et ne peut produire que des représentations de ce qui est. La première est éternelle, nécessaire et inconsciente; la seconde est contingente, libre et consciente; et par cela même distincte de la science immédiate par toute la distance qui sépare le fini de l'infini.

DES LOIS NÉCESSAIRES

L'activité de la substance se manifeste nécessairement d'une façon constante, et selon des modes qui, dans un ensemble harmonique, dérivent les uns des autres. Ces modes, ou ces lois, ont pour conséquence une transformation perpétuelle de l'univers, et peuvent s'exprimer par association, conservation et renouvellement.

Le mode de génération d'une cause qui se compose d'un nombre infini d'éléments ne peut être un accroissement impossible de substance, mais l'association de ses propres éléments; et le spectacle de l'univers nous fournit les preuves les plus décisives de la réalité de ce moyen, le seul que l'on puisse imaginer dans l'ordre des vérités abstraites, et le seul qui puisse être conçu et observé dans l'ordre des phénomènes.

L'agrégation, la combinaison et l'organisation sont les phases de l'association qui, se diversifiant à l'infini dans leurs effets, sont en rapport de progression, de telle sorte que l'agrégation précède la combinaison, et que la combinaison précède l'organisation qui est le summum visible de la puissance génératrice des atomes. Faisant donc l'application de cette première loi, nous pouvons suivre le développement progressif des associations par lequel se révèlent les atomes; nous concevons comment ces principes élémentaires peuvent concourir successivement aux organisations les plus diverses, et arriver à générer la forme humaine, qui est sur cette terre le plus haut degré de l'échelle des êtres.

Si la loi d'association n'avait pas pour corollaire celle de renouvellement, la substance serait immobilisée dès que les atomes auraient constitué le premier phénomène. Ayant engendré l'univers, sa puissance serait absorbée par son œuvre. Il n'y aurait plus que des mondes composés d'êtres immuables dont l'existence ne serait qu'une inaction perpétuelle. Après avoir accompli cette génération morte, sans variation possible, les atomes seraient enchaînés pour toujours, sans pouvoir jamais recouvrer leur puissance initiale, et leur action bornée à un seul instant cesserait d'être éternellement féconde.

Pour qu'ils puissent exercer leur incessante activité, il était nécessaire que leurs associations fussent passagères. La destruction des corps est donc une condition de l'exercice de la toute-puissance. Elle est le second mode d'action auxiliaire du premier; et, comme fait universel, elle est une loi nécessaire qui s'applique à tous les êtres.

Il en résulte que tout doit se modifier, et si la durée des corps inertes est longue relativement à la nôtre, celle des êtres organisés est fatalement bornée. Mais la substance, par suite de son activité incessante et de son besoin de produire, trouve dans le phénomène de la génération le moyen de conserver le type de l'être destiné à disparaître. Celui-ci doit vivre pour perpétuer sa race, et se désagréger quand il n'est plus propre à ce but. De là proviennent les désirs sexuels et les impulsions qui nous font aimer à vivre. Pour la durée de la race, l'homme possède l'instinct de la conservation, et la douleur l'avertit de ce qu'il doit éviter pour prolonger son existence.

LES PHÉNOMÈNES VITAUX

Une cellule primordiale fut le commencement de la vie; et c'est dans l'organisation des cellules qui se sont successivement développées, que résidera la vie de tous les êtres futurs. Elle apparut aussitôt que les milieux permirent aux atomes de s'associer sous cette forme qui devait être si féconde[1]. Les animaux résultent, non seulement de l'association en organes de cellules particulières à leur race, mais de l'association de ces organes en un tout harmonieux. Une solidarité à la fois fatale et rationnelle est la conséquence de la loi de toute vie; et dès qu'il n'y a plus unité, la désorganisation commence, la fédération se dissout, l'être contingent meurt et disparaît.

De la nécessité d'un concours, il résulte qu'il est illogique de supposer l'existence d'un principe simple pour expliquer ce phénomène éminemment complexe. Un tel principe ne rendrait pas compte, non seulement de la diversité des êtres, mais de leur reproduction. Quel serait le rôle et le moyen d'action de cet agent indivisible dans la multiplication d'un végétal, par exemple, qui peut se reproduire par ses branches, par ses racines, par ses bourgeons, par ses

1. Ce phénomène ne se produisit que dans les premiers temps de nos périodes géologiques; et nous ne pouvons aujourd'hui assister à ce commencement de l'organisation sur notre planète.

feuilles même? Dans cette fédération de cellules vivant en commun, dans cet être collectif dont toutes les parties jouissent de la propriété de le reproduire, quelle sera celle de ces parties qui sera censée contenir le principe simple de la vie? La puissance organisatrice, réparatrice, génératrice ne leur appartient-elle pas à toutes intégralement? Nous avons ici la preuve que les cellules sont les éléments actifs, tous également habiles à bâtir la fédération qui doit résulter de leur organisation typique.

La même unité d'action se retrouve chez les animaux. Tous vivent par suite de l'activité propre à leurs cellules, identiques dans chaque animal, mais associées différemment pour constituer la variété organique fatalement dérivée de leur type, et nécessaire à la durée de leur fédération.

Les végétaux puisent dans les milieux où ils sont fixés les principes indispensables à leur développement, à leur conservation et à leur multiplication, tandis que le besoin de chercher leurs aliments place les animaux dans une condition d'existence qui nécessite une unité vitale plus complète et plus concentrée. L'instinct propre à leurs éléments constituants dirige et protège ceux qui appartiennent aux espèces inférieures; mais lorsque l'organisation devient plus complexe, et par cela même est plus exposée aux causes fortuites de destruction, lorsque l'animal est appelé à lutter pour l'existence, le seul instinct vital ne suffit plus à le protéger; et les atomes, en vertu de leur science immédiate, génèrent fatalement l'organe propre à des fonctions nouvelles. Les phénomènes psychiques se développent dans

cet organe spécial ; et c'est alors que l'on voit apparaître une connaissance relative proportionnée aux
besoins. La liberté qui ne peut appartenir à une
cause première agissant nécessairement, est, chez
l'homme et les animaux supérieurs, le principal
agent de conservation.

L'UNIVERS

Ayant donc établi que l'univers a sa raison d'être
dans les propriétés des éléments de la substance,
nous avons l'explication des rapports existant entre
celle-ci et ses effets, et entre les effets les uns vis-à-vis
des autres. Ainsi la cause première réside dans
l'universalité de la nature, et demeure intimement
liée aux phénomènes qui sont les révélations de son
Être. Constitué avec les éléments toujours actifs des
mondes antérieurs, l'univers ne pouvait être autrement qu'il ne l'est en ce moment de l'éternité ; et les
mondes futurs seront également tels que les déter-
mineront les circonstances qui présideront à leurs
formations.

Mais il ne faut pas aller chercher la raison d'être
du monde actuel hors de l'éternelle réalité, dans une
cause négative, d'une nature opposée à ses effets, dans
une entité qui ne contient en soi la possibilité d'aucune action, les termes générateurs d'aucun produit.

L'homme s'écrie : Comment suis-je né pour souffrir et mourir ? La réponse à cette accusation de
barbarie portée contre la cause de l'univers nous est
fournie par l'idée de nécessité qui embrasse tout ce

qui est et tout ce qui sera. Elle est, comme expression du rapport existant entre l'univers et sa cause, la loi suprême de la substance; et de cette première nécessité découlent toutes les autres, celle de la formation éternelle du monde contingent, celle des lois de la vie, de la douleur et de la mort. Aussi l'homme qui apparut sur la scène du monde dans le temps qui lui fut assigné par l'ordre des générations, est-il un effet de la nécessité; et cette réponse est la seule qu'il puisse se faire, comme elle est la seule que la cause éternelle pourrait lui donner.

CHAPITRE IV

LES ARGUMENTS SPIRITUALISTES

L'étendue et la force sont deux propriétés de l'atome à peu près généralement acceptées, mais on se refuse à lui reconnaître la science immédiate, attribut également nécessaire. On oublie qu'une cause première est incompréhensible, et qu'à moins de renoncer à toute recherche philosophique, nous devons admettre pour vraie la seule doctrine qui donne une explication logique de l'existence de l'univers.

Contre l'hypothèse des atomistes, les spiritualistes soulèvent des arguments de plusieurs sortes dont il me reste à dire quelques mots.

LES ARGUMENTS TIRÉS DE L'ORDRE PHYSIQUE

On suppose d'abord que la nature ne peut être active par elle-même. L'on reconnaît sans doute que le mouvement paraît être son état nécessaire, qu'il est même impossible de la concevoir dépourvue de toute activité; mais on ajoute que le mouvement universel est le résultat d'une impulsion étrangère et constante. Nous avons réfuté plus haut ce raisonnement.

Le second argument tiré de l'harmonie qui règne dans toutes les parties de l'univers n'est guère plus sérieux ; car ce que l'on considère comme un ordre voulu n'est qu'un équilibre qui doit nécessairement se produire entre des forces égales en puissance. Les activités réciproques des atomes se servant mutuellement de limites, il en résulte un ⸱quilibre que d'autres conditions d'existence pourront modifier sans qu'il soit besoin de faire appel à aucune intervention étrangère. Eût-elle lieu d'ailleurs, il ne s'en suivrait pas que l'intelligence ordonnatrice fût située hors du monde; et de même qu'il est plus logique de considérer le mouvement comme inséparable de la matière, de même est-il également plus rationnel de considérer cette intelligence comme une propriété nécessaire de la substance universelle.

En troisième lieu, l'on suppose que la nature s'achemine vers une réalisation, toujours plus élevée, d'un plan déterminé de toute éternité; et l'on conclut que cette tendance constante vers le progrès ne peut exister que parce qu'une intelligence infinie gouverne l'apparition des phénomènes.

Mais il suffit d'étudier les diverses situations traversées par notre planète, pour voir combien les faits contredisent cette hypothèse. Que de milieux ont développé certains types zoologiques, qui disparurent lorsque les climats ne leur permirent pas de s'adapter à de nouvelles conditions d'existence! Comment les spiritualistes expliqueraient-ils ces créations avortées? Des contrées autrefois favorisées sont devenues inhabitables; le désert recouvre des terres jadis fécondes; des continents ont disparu; rien n'échappe à la fatalité des lois éternelles, et l'on peut prévoir le moment où une nouvelle période glaciaire dépeuplera l'Europe centrale.

La substance est toujours égale à elle-même; et dès que la possibilité de l'action se présente, les atomes produisent instinctivement et spontanément la plus haute manifestation que comporte le milieu. Il en résulte des phénomènes qui, au point de vue de notre avantage ou des conceptions de notre esprit, peuvent nous paraître inférieurs ou supérieurs à ceux qui les ont précédés, mais sans que notre appréciation en modifie la valeur toujours identique.

LES ARGUMENTS TIRÉS DE L'ORDRE MÉTAPHYSIQUE

Le principal argument métaphysique de l'école spiritualiste consiste à soutenir que, sans l'existence d'un Dieu personnel, nous ne pourrions acquérir aucune idée nécessaire, ni émettre aucun axiome, tel que : Tout corps est situé dans l'espace; ou bien : Toute qualité suppose une substance. Voici le raisonnement : On ne peut tirer d'une chose que ce qu'elle contient; or, comme les jugements portés par notre esprit ne renferment qu'un rapport de contingence, ils ne peuvent contenir un rapport nécessaire. En d'autres termes, on ne peut tirer l'universel du particulier, l'infini du fini, par la raison qu'on ne tire pas d'une chose ce qu'elle ne contient pas. Aussi n'avons-nous des idées générales que parce qu'une intelligence infinie les possède et nous les a révélées.

Il est vrai que si l'on ne tient compte que du rapport dans une proposition, l'on ne peut tirer une idée nécessaire d'une idée contingente ; mais il n'en est pas de même, lorsqu'on envisage les termes de cette proposition. De ce que quatre fleurs sont bleues, on ne peut conclure que ces fleurs sont nécessairement bleues, cela est évident; on peut toutefois, en ne s'occupant que des termes, détacher le nombre, le décomposer en 3 + 1, en 2 + 2; et, remarquant l'égalité nécessaire de ces quantités, dégager d'une proposition contingente une proposition nécessaire. Une fois admis que ces fleurs sont bleues, on peut dégager du mot fleur l'idée de substance, du mot bleu l'idée de qualité, et tirer une idée nécessaire d'un phénomène contingent.

Les spiritualistes prétendent que les vérités nécessaires, ne pouvant être que des attributs, supposent un sujet en qui elles résident; mais c'est encore équivoquer sur les mots. Lorsque je dis : Il y a des vérités nécessaires, le mot vérité signifie rapport; et j'entends qu'il y a des rapports nécessaires entre certains sujets et certaines qualités. Or, dans la proposition 2 + 2 = 4, le rapport est l'égalité absolue des deux termes; il réside dans les termes, rien que dans les termes; et la connaissance de ce rapport n'existe que dans l'esprit qui connaît ces deux termes.

Beaucoup de philosophes prenant leur point de départ dans les conditions d'existence de la science relative composée d'idées, ont cru, d'après ces don-

8.

nées, pouvoir se former une notion positive de la science immédiate de la cause première. Ils firent de celle-ci une entité idéale qui n'est au fond que l'ombre de leur propre pensée. La métaphysique devint une sorte d'anthropolâtrie qui n'eut d'autre base que l'idée humaine divinisée.

S'appuyant sur la réalité des phénomènes cérébraux, Platon supposa qu'il existe des idées éternelles qui ne seraient plus de simples images des faits contingents, mais des êtres substantiels, préexistants à l'univers, et types des choses visibles. Ces idées primordiales constitueraient la science divine que Platon sépare cependant de son Dieu, pour constituer une seconde personne, un second mode de la cause première. La science absolue n'est plus absolument inhérente à un Être unique, mais au Logos ou à l'intelligence organisatrice, contenant les types de tout ce qui existe.

Aucune fiction métaphysique ne souleva autant d'objections que cette hypothèse d'un modèle éternel, dont l'univers ne serait que la copie. En effet, si les idées éternelles sont des types absolus, rien ne pourrait changer dans le monde devenu immuable. Comment se ferait-il que les êtres soient dans chaque race aussi dissemblables, et que tout ce qui existe se modifie incessamment? Bien plus, cette hypothèse comprend parmi les idées divines les idées d'actions qui, loin d'être des choses tangibles, ne sont que de simples relations. Comment concevoir la réalité éternelle de l'idée d'un rapport avec un rapport? L'idée d'une chose aurait-elle une existence que la chose elle-même n'a pas?

Tout ceci est inadmissible, parce qu'une telle cause, faite d'idées immuables, n'explique pas l'univers composé d'êtres éminemment variables, et parce que les effets ne peuvent être sans contradiction rapportés à la cause supposée. Pour rendre compte des transformations du contingent, il faudrait supposer que les lois qui président à son existence règlent premièrement le monde des idées qui changeraient selon les circonstances et les milieux du monde phénoménal. L'univers transcrirait alors fidèlement tous les accidents, toute l'instabilité d'une entité qui cesserait d'être un archétype absolu; et le Dieu de Platon ne serait en définitive que l'ensemble des œuvres perpétuellement modifiées de la nature.

Quelques philosophes vont plus loin, et identifiant l'idée avec son objet et son sujet, confondent ces termes générateurs de l'idée avec l'idée elle-même. Au lieu d'être une simple image, une représentation de ce qui est, cet élément de la science réfléchie devient une réalité, la substance divine; et la dernière formule de cette doctrine est de l'incarner dans l'homme, de confondre celui-ci avec la divinité, et de faire l'homme-dieu. Dès l'instant que l'idée divine est censée exister en nous substantiellement, Dieu doit être identifié avec nous. Toute distinction entre la cause éternelle et le contingent disparaît.

On doit répondre à cet idéalisme que la connaissance réfléchie de l'univers et de sa cause serait impossible si l'idée n'était pas contingente, car sans cette condition jamais l'homme ne pourrait concevoir l'infini dont il n'est qu'une partie. C'est parce que l'idée n'est pas une substance que la représenta-

tion de cet infini a lieu dans le fini. Le phénomène
qui constitue l'homme le sujet, et le monde l'objet
de l'idée, résulte de ce que la substance, dans la
suite de ses manifestations toujours fatales, rend une
de ses parties objective à elle-même, et, engendrant
ainsi les termes générateurs de l'idée, réalise les
conditions de la science réfléchie.

LE CONSENTEMENT UNIVERSEL

Un autre argument des spiritualistes est de prétendre que l'existence d'un Dieu personnel est suffisamment prouvée par le sentiment général de l'humanité. Mais s'appuyer sur la faiblesse de l'esprit
humain, sur la peur de l'inconnu, et sur les
croyances qui en résultèrent, pour faire de cette
crainte et de ces croyances, n'ayant souvent entre
elles aucune analogie, les bases d'une opinion philosophique, ce ne peut être que faute de raisons plus
sérieuses.

NÉCESSITÉ D'UNE SANCTION

La croyance en un Dieu, quel qu'il soit, dit-on
encore, est nécessaire comme sanction de la morale;
mais on oublie de désigner la morale qu'il s'agirait
de sanctionner, car il en existe diverses en ce monde,
et de fort différentes. Plusieurs peuplades de l'Océanie
considèrent l'anthropophagie tantôt comme un rite
religieux, tantôt comme une vertu guerrière. Quelques-unes glorifient le vol, d'autres se débarrassent

des vieillards dont les forces sont épuisées. L'infanticide est honoré chez les Aréois, ainsi que l'avortement chez les Taïtiens, et la prostitution au Japon. Le Peau-Rouge qui tue un étranger commet une action digne de louange; et au xvɪᵉ siècle, le massacre des hérétiques était, en France, considéré comme un acte méritoire. La polygamie est encore une institution sociale en Orient, comme l'était l'esclavage dans toute l'antiquité. Nous repoussons de pareilles morales parce qu'elles n'ont que des rapports éloignés avec la nôtre; mais qui sait si, dans quelques siècles, plusieurs de nos coutumes actuelles ne passeront pas pour immorales, même aux yeux de nos descendants?

Pour comprendre ces divergences, il faut remonter à l'origine des familles humaines. Selon des dispositions cérébrales et des situations différentes, certaines règles sociales furent nécessairement adoptées, par chaque agglomération, comme condition de durée. Après un grand nombre de générations, ces règles conventionnelles devinrent instinctives, et il en résulta pour chaque race une morale particulière, héritage fatal d'où dérivèrent les sentiments souvent contradictoires que l'on observe chez les peuples issus de races mélangées. Mais il ne faut pas oublier que ce qui nous est instinctif aujourd'hui, résultait à l'origine de ce qui était utile à la vie commune, et que la morale eut pour point de départ la loi de conservation. Ce que l'on appelle la conscience est une disposition d'esprit provenant des facultés acquises, et transmises par la génération. Dans l'ordre social, le juste est ce qui est utile à la sécurité publique et à la sauvegarde de tous. Aussi chaque époque eut-elle sa morale résultant des idées régnantes.

Des conditions d'existence prolongées ont donc leur influence, et l'on peut remarquer qu'en France, par exemple, les instincts sont différents selon les classes. Nous sommes gouvernés aujourd'hui par des couches sociales privées jusqu'alors de toute initiative, et la direction de l'État s'inspire chez elles de sentiments nouveaux. Ce qui était juste il y a cent cinquante ans, ne le paraît plus à la majorité dirigeante; et nous nous acheminons vers un ordre politique que les siècles passés n'auraient pas compris. Cela devait être cependant, puisque les couches qui détiennent le pouvoir n'ont pas hérité du sens moral particulier aux classes dépossédées, et n'ont pas le même instinct de conservation. Ce qui les caractérise est la haine de toutes les supériorités, et une autre compréhension de la vie sociale; aussi les réformes révolutionnaires qui s'approchent, pratiquables peut-être dans une île écartée, sont-elles destinées à être étouffées par la coalition des intérêts contraires.

Tenant compte ensuite des aspirations nouvelles qu'engendrent nécessairement les progrès de la civilisation, l'on comprendra qu'une conception religieuse, fixée par un dogme en relation directe avec la morale existante lors de son apparition, ne peut suivre celle-ci dans ses modifications. L'antagonisme entre le présent et le passé s'accentue incessamment; et M. Bouteville a constaté combien la morale actuelle de notre race diffère de celle des pères de l'Église.

Ce qui nous sépare absolument des premiers chrétiens c'est le besoin d'équité; et la théologie a subi les contre-coups de cet instinct nouveau. La doctrine catholique n'admet plus dans toute sa brutalité, la prédestination absolue, et les prêtres de nos jours enseignent que Dieu ne peut être qu'infiniment bon. Les voilà obligés d'expliquer l'origine du mal et les monstrueuses injustices qui se trouvent dans leurs livres canoniques, par des argumentations qui, loin de satisfaire la raison, ne servent qu'à inquiéter la foi.

Si les croyances d'une époque peuvent se résumer dans une synthèse religieuse, celle-ci d'abord universellement acceptée, se voit avec le temps tomber en discrédit, car répondant à des aspirations passagères, elle ne peut suivre les évolutions de l'esprit humain[1]. C'est pourquoi, arrivés à un certain degré d'instruction, la plupart des peuples perdent la foi de leurs ancêtres ou ne lui accordent plus la même autorité. En France, les vieilles hypothèses spiritualistes se transformèrent sans toutefois disparaître, car l'homme de notre race n'est pas affranchi de ses croyances héréditaires; et si les connaissances acquises restreignent sans cesse le champ d'opération des puissances occultes, le goût du surnaturel ne se manifeste pas moins sous les formes les plus diverses.

---

1. Aussi les cultes établis veulent-ils toujours entraver tout développement intellectuel; mais plus ils sont surchargés d'affirmations, moins ils peuvent durer; tandis que ceux dont les dogmes sont peu nombreux, presque flottants, traversent les âges, en se prêtant à toutes les interprétations.

L'IMMORTALITÉ DE L'AME

L'argument le plus usité des spiritualistes résulte de la croyance en l'immortalité de l'âme, croyance devenue chez eux pour ainsi dire instinctive, et qui entraîne la nécessité d'un souverain dispensateur de notre destinée future. Ils basent leur hypothèse sur la réalité des actes psychiques qui constituent le phénomène le moins connu. Ne se préoccupant pas de savoir préalablement si leur pensée n'est pas la conséquence de l'activité de leur cerveau et de l'unité de ses fonctions, ils concluent *a priori*; et, pour eux, le moi humain est la cause simple et immortelle des faits intellectuels.

Au point de vue scientifique, la pensée est au contraire une résultante, et provient d'une transformation particulière de la sensation dont le docteur Luys a pressenti les lois [1]. Il faut tout animer surnaturellement, ou accepter que la substance est douée des attributs propres à ses diverses manifestations. Les spiritualistes feront-ils de l'irritabilité une entité particulière, et de la sensation une autre entité, comme ils le font pour l'activité cérébrale? Cette intervention constante du surnaturel introduit dans tous les phénomènes un inconnu qui ne doit exister que dans la cause première, et cela nécessairement.

La loi de toute action étant donnée par un rapport, il est d'ailleurs illogique d'attribuer à un être simple

---

1. Luys, *Le Cerveau*, p. 65 et suiv. — Voir la quatorzième note.

ce qui n'appartient qu'à l'association; et, fût-il par impossible force, intelligence ou matière, qu'il ne peut être qu'inerte, s'il est isolé. Par suite de l'absence de tout rapport, la monade spirituelle, si elle existait, ne trouverait pas en elle-même la raison d'une action quelconque; et, dans tous les cas, elle ne pourrait produire l'unité du moi humain, la plus haute expression de l'association harmonique qui est la vie. Elle ne saurait apporter, comme sa propriété indéfectible, comme son attribut spécial, la personnalité résultant toujours du nombre, et qui ne peut être réalisée dans l'homme que par l'activité des éléments constitutifs de l'organe cérébral.

L'on doit donc rejeter d'une manière absolue la possibilité de l'existence du moi dans la monade spirituelle, puisqu'en raison de sa simplicité, elle ne peut, pas plus que tout autre élément simple, produire des actes, ni exercer des fonctions d'où résulterait la personnalité.

Tout en laissant à l'âme les facultés virtuelles qu'ils lui attribuent, les spiritualistes reconnaissent du reste que son activité ne peut s'exercer qu'au moyen du cerveau. Elle ne sent, elle ne veut, elle n'est libre et active qu'autant que, par son union avec cet organe spécial, elle est en situation d'avoir des sensations, des idées, d'agir et de révéler sa virtualité. Avant d'être unie au corps, l'âme existait donc à l'état de réalité métaphysique, mais sans action, sans connaissance d'elle-même; et l'association avec des atomes substantiels lui est nécessaire pour la mettre en communication avec l'univers, pour la faire passer de l'état de repos à celui d'activité. Si elle continuait d'exister après la mort du corps, ce serait au même titre que les principes substantiels avec lesquels elle avait été associée, et n'aurait plus aucun rapport avec l'homme disparu.

Mais la vie d'outre-tombe, telle que les spiritualistes la demandent, n'est pas dans cette existence latente. Elle est dans le sentiment persistant de l'individualité, dans la mémoire de toutes les affections, douleurs et joies que l'homme a éprouvées. Or, est-il possible que ces souvenirs ne s'effacent pas quand l'âme, ne pouvant être active que par l'intermédiaire du cerveau, sera séparée de cet organe? Est-il admissible que le phénomène de la conscience particulier à chaque individu, et qui se développe avec lui, s'altère et se détruit avec lui, souvent même avant lui, subsiste après lui dans un seul de ses éléments, dans son âme, lorsque cette âme n'a pu sentir et connaître sans le secours des organes corporels qui, unis intimement avec elle, constituaient une personnalité distincte?

On a beau supposer que dans cette âme réside la virtualité humaine, et l'admettre immortelle, après la mort, cette âme n'est plus l'homme, mais un atome spirituel prêt à d'autres associations. Isolée, cette monade ne sentirait pas, ne connaîtrait pas; et son indestructibilité ne lui donnerait pas la vie. Nécessairement toujours identique à elle-même, sa fonction serait l'attente. Toutes les facultés qu'on lui attribue demeureraient inoccupées, et l'association avec un cerveau étant donnée comme indispensable à la manifestation de son action, elle n'est rien de

plus en réalité qu'un simple atome substantiel,
susceptible d'association.

Lorsque d'ailleurs nous considérons dans l'homme
les facultés sensitives, intellectuelles et morales qui
se retrouvent à divers degrés dans les êtres inférieurs à lui, et sur lesquelles on a basé l'hypothèse
d'une existence perpétuelle, nous ne tardons pas à
reconnaître que les facultés nécessaires à la conservation de la vie, sont toutes dans un rapport logique
avec la mort, et que sans les dangers qui menacent
les êtres contingents, leur emploi serait inutile.

Pour l'être mortel, la faculté de savoir est avant
tout un moyen de conservation ; et les faits subjectifs
que l'on exprime par le mot conscience résultent
également chez l'homme de sa contingence. Il se
connaît, comme il connaît les choses extérieures,
par l'expérience ; et le seul but de cette double faculté
est encore la conservation de la vie. Ainsi que la
science et le sentiment de la personnalité, la liberté
n'a d'autre objet que la conservation de l'être vivant,
et se lie avec les deux premières par un lien commun.
Elle ne saurait appartenir qu'aux êtres ayant à se
défendre contre la mort ; sans cette condition, aucun
attribut conservateur n'aurait de signification.

Un être immortel n'a pas besoin de sensations ni
d'être averti par la douleur et le plaisir de ce qu'il
doit fuir et rechercher. Il possède tout ce qu'il lui
faut pour exister ; aucune puissance, ni accident
ne peut changer sa nature. Quoi qu'il fasse, il ne peut
périr ; et la sensibilité préservatrice lui serait non
seulement inutile, mais préjudiciable. Il ne pourrait
en outre posséder dans sa plénitude la liberté dont

l'acte suprême est de pouvoir choisir entre la vie et la mort. Il n'en jouirait dans aucun instant de son existence, puisqu'il n'aurait pas ce choix sans lequel la liberté n'est pas complète. Il ne serait qu'un éternel asservi, s'il avait un maître; et, s'il peut secouer le joug, le principe d'un désordre sans fin est introduit dans le monde.

L'hypothèse d'une vie d'outre-tombe, intimement liée avec le dogme de la chute, a pendant des siècles entravé toute amélioration sociale. Pour le christianisme, cette terre est maudite, et doit rester un lieu d'épreuve. La misère du pauvre est un don de la providence qui lui ouvre les portes du ciel, et qui pour le riche est une occasion de salut. D'un autre côté, cette religion déclarant que l'homme est incapable par lui-même de faire le bien, et attribuant à la liberté les maux de ce monde, l'humanité tout entière est esclave. Il n'y a plus qu'un gouvernement possible, la théocratie, qu'un pouvoir, celui du prêtre. Nous ne nous affranchirons de cette servitude qu'en cessant de nous croire coupables avant que de naître; et nous ne trouverons le titre de nos droits qu'en absolvant notre liberté qui, loin d'être la source du mal, est un agent de préservation et de progrès.

Reportant les yeux vers la terre, l'homme comprendra que son seul devoir est de concourir à l'accomplissement des lois éternelles. C'est en vertu de la loi de conservation qu'il nous faut aimer la vie et atténuer les souffrances de tous les êtres, dans la limite du possible. C'est en obéissant à son impulsion que nous devons faire progresser notre situation sociale, et transmettre à nos enfants de meilleures conditions d'existence. Nous en serons récompensés par la satisfaction d'un instinct qui se développe ou s'atténue, suivant les progrès ou les chutes de notre race, celui qui nous incite à faire ce qui est utile, sans intérêt personnel et sans crainte.

Mais, en abandonnant des croyances surannées, il ne s'ensuit pas que la destinée de l'homme soit sans grandeur, et qu'en renonçant à une vie d'outre-tombe, il n'ait point, comme être libre, intelligent et social, une situation exceptionnelle. Sa sphère d'action est immense ; il peut satisfaire l'activité de son esprit et les besoins de son cœur, sans poursuivre un avenir qu'il ne saurait atteindre.

La croyance au surnaturel était inévitable chez l'humanité primitive pour laquelle l'impossible n'existait pas. Elle devait se développer lorsque, enivré de sa propre pensée, l'homme s'isola du monde, et lorsque l'effroi salutaire de la mort lui fit rêver l'immortalité. Longtemps encore ses vieilles espérances se réfugieront dans les doctrines les plus diverses, car l'idée spiritualiste a fait trop longtemps partie intégrante de l'esprit humain pour que les générations prochaines n'en conservent pas l'empreinte. Mais après des retours momentanés vers la foi des ancêtres, de plus en plus modifiée par l'œuvre du temps, la vérité sera assez éclatante pour faire régner définitivement le culte de la nature, vers lequel nous nous acheminons.

FIN

NOTES

—

PREMIÈRE NOTE

La pluralité des races humaines.

Aussi haut que l'on remonte dans l'étude de l'histoire, on reconnaît l'existence de races humaines distinctes et remarquablement fixes [1]. Dans chacune d'elles, le progrès a des limites infranchissables, et variables selon les types. Les Australiens, les Papous, les Boschimans ne peuvent compter au delà de quelques unités; les calculs les plus simples leur sont impossibles, et jamais leur intelligence n'ira plus loin. Les indigènes du Brésil désignent bien chaque arbre ou chaque animal, mais ils n'ont pas de terme signifiant arbre ou animal, car leur cerveau ne conçoit aucune idée générale. De là une inaptitude à conclure du présent au futur, qui les laisse indifférents aux événements à venir.

[1]. Les types représentés sur les plus anciens monuments de l'Égypte ne diffèrent pas de ceux qui se rencontrent encore dans la même contrée.

Les ossements découverts dans les assises quaternaires attestent d'ailleurs que de tous temps les
races humaines furent très diverses; et le crâne
trouvé dans la vallée de l'Arno paraît avoir appar-
tenu à l'une de celles qui durent s'éteindre dès les
âges paléontologiques. Quelques-unes seulement ont
subsisté, ayant, comme les espèces animales, leurs
habitats particuliers; et nous comprenons dans la
désignation collective, Humanité, l'ensemble de races
distinctes, apparues en différents lieux et différents
temps, et ayant comme caractère commun la faculté
du langage articulé.

Les précurseurs de ces diverses races devaient
être de types très rapprochés de ceux des anthropomorphes actuels, lesquels restèrent stationnaires,
par suite de circonstances dépendantes des milieux;
tandis que les lignées qui aboutirent aux différentes
familles humaines s'étaient trouvées en situation de
progresser. Pour ne parler que de l'ancien continent,
quelques savants ont admis que les races dolichocé-
phales originaires de l'Afrique et de l'Europe, des-
cendaient d'ancêtres voisins des chimpanzés et des
gorilles des côtes de Guinée, qui sont dolichocéphalcs,
et que les races brachycéphales asiatiques se rappro-
cheraient des orangs brachycéphales de Bornéo et de
Sumatra.

Cette origine paraît évidente lorsqu'on étudie les
ossements humains trouvés dans les premières
assises quaternaires. Ces troglodytes avaient un crâne
étroit, le front fuyant, des arcades sourcilières très
proéminentes, une mâchoire en museau, des mo-
laires simiennes, de longs membres supérieurs, les

inférieurs assez courts, des tibias en lame de sabre, un système osseux massif avec de profondes empreintes musculaires dénotant une force prodigieuse; en un mot tous les caractères qui rattachent ces familles humaines aux anthropomorphes. Le crâne du Néander est plus rapproché de celui d'un chimpanzé que de celui d'un Européen.

Les partisans des traditions hébraïques opposent quatre objections au polygénisme : la distinction fondamentale qui existe entre les bimanes et les quadrumanes, l'absence de tout anneau reliant ces deux ordres, la possibilité d'un croisement fécond entre les races humaines, le sentiment religieux qui leur est propre et que toutes possèdent. Aucune de ces objections n'est vraiment sérieuse.

Personne n'admet plus aujourd'hui la distinction des bimanes et des quadrumanes, depuis que I. Geoffroy Saint-Hilaire et Huxley ont démontré qu'elle n'était basée que sur une erreur d'observation. Le singe, pas plus que l'homme, ne possède quatre mains, et son pied est analogue au nôtre par ses os, ses muscles et ses nerfs. Quant à l'anneau rattachant l'homme aux anthropomorphes, il vient, dit-on, d'être découvert dans l'île de Java; mais qu'en était-il besoin, et les liens qui relient le présent au passé ne sont-ils pas suffisamment attestés par les évolutions embryonnaires?

Tous les mammifères reproduisent à des époques successives de leur vie fœtale certains types antérieurs de la série zoologique à laquelle ils appartiennent. L'homme revêt tour à tour les caractères morphologiques du reptile, du poisson, du batracien, pour se

9.

différencier ensuite, et passer à la forme définitive qui lui est propre. Il possède transitoirement l'opposition du gros orteil qui existe à l'état constant chez le singe; le lobe azygos du poumon, normal chez les quadrupèdes; et la double artère humorale des singes à queue. On a cru longtemps que l'orang avait au carpe un os de plus que l'homme; mais il est prouvé que cet os est représenté dans l'embryon humain par un nodule cartilagineux qui persiste quelquefois. Si l'homme n'était pas un descendant, comment présenterait-il, en divers moments de sa vie fœtale, toutes ces organisations antérieures?

Nous trouvons même chez l'adulte des rudiments anatomiques qui ne peuvent être que des reliquats d'organisations précédentes. Ainsi le muscle plantaire grêle est énorme chez les carnassiers; inutile chez l'homme, il accompagne les jumeaux du mollet comme un menu fil près d'un câble de navire. Beaucoup de mammifères peuvent secouer leur peau au moyen de muscles dont les vestiges sans usage existent en certaines parties du corps humain. Les muscles auriculaires qui permettent à quelques individus de mouvoir le pavillon de l'oreille, appartiennent au type simien. Les épines du pénis rappellent les os marsupiaux, et les muscles qui ferment la poche des kangourous existent, inutiles, chez l'homme. Il n'est pas rare de voir chez les nègres, comme chez l'orang, les artères naissant de la crosse de l'aorte; etc.[1]. Ce sont des formes ancestrales

1. Ces souvenirs d'organisations antérieures sont, non seulement inutiles, mais ils peuvent être nuisibles. Le gros intestin des herbivores présente un vaste repli appelé cœcum, qui

persistantes ou développées accidentellement chez l'homme, mais normales chez certains animaux placés plus bas dans la série zoologique à laquelle nous appartenons.

L'objection tirée de la possibilité d'un croisement entre toutes les races humaines serait de grande valeur si la fécondité était constante; mais on sait aujourd'hui que les croisements entre races appartenant à des types très différents sont souvent stériles, et que la fécondité des produits, quand il y en a, est d'autant plus nulle ou restreinte que les races croisées sont plus éloignées les unes des autres. Jamais, en tout cas, ces croisements ne parviennent à constituer une race fixe; il y a constamment retour aux races mères, et des mulâtres de même sang donnent des enfants qui se rapprochent les uns des blancs et les autres des nègres.

Quant au langage articulé, quelques savants ont enseigné que l'humanité primitive ne possédait pas encore cette faculté; et l'hypothèse est presque prouvée par la mâchoire de la Naulette, trouvée dans les assises chelléennes, et privée de l'apophyse géni qui sert de point d'attache aux muscles moteurs de la langue. Aussi plusieurs anthropologistes classent-ils les Chelléens parmi les précurseurs de quelques races humaines.

Il est à croire que les premières qui soient par-

ëst représenté chez l'homme par un appendice sans usage, auquel sa forme et sa longueur ont fait donner le nom d'appendice vermiforme. Le chyle ne peut y pénétrer; mais si un petit corps, tel qu'un pépin de raisin, s'y engageait, il en résulterait inflammation, perforation et mort...

venues à l'articulation, avaient un langage formé
surtout d'interjections et d'onomatopées, analogue à
celui de certains Indiens Arapahos qui ne peuvent
parler dans l'obscurité, tant leur langage est rudi-
mentaire, et tant ils ont besoin de la mimique pour
se comprendre. Le nombre des générations nécessaires pour atteindre ce premier résultat n'en fut pas
moins considérable; et nous devons admettre une
longue suite de précurseurs qui, après s'être servis
d'expressions monosyllabiques, arrivèrent progressi-
vement à posséder l'instrument qui leur manquait.
Et cela, par le besoin que ces êtres éprouvaient de
se comprendre mieux, par l'effort prolongé et le
développement progressif de l'organe de la voix,
selon la théorie darwinienne que le besoin crée
l'organe.

L'opposition radicale qui existe entre les divers
systèmes linguistiques a d'ailleurs fait partager définitivement l'humanité en races originairement distinctes. On a essayé nombre de fois de rapprocher les
langues aryennes et sémitiques, et l'on a toujours
échoué; car il n'y a entre elles aucune analogie gram-
maticale. La flexion dans ces deux systèmes ne s'exé-
cute pas de la même manière; leurs racines sont
absolument différentes, et il n'y a aucun rapport entre
les deux modes de formation de leurs éléments constituants. Je pourrais citer d'autres exemples, notamment celui des langues américaines. N'est-il pas évident que si l'homme avait acquis la faculté du langage articulé d'une manière unique, on trouverait
dans toutes les langues des traces de cette origine
commune, et que des systèmes linguistiques irré-

ductibles ont dû nécessairement prendre naissance
isolément, chez diverses variétés de ce que nous
appelons les précurseurs de l'homme; variétés qui
donnèrent naissance à des races humaines ayant chacune un type différent, et dont les caractères anatomiques suffiraient quelquefois pour déterminer des
espèces zoologiques?

L'existence du sentiment religieux est un argument
beaucoup plus faible que celui qui s'appuie sur le
langage articulé, car tous les hommes parlent, et il
s'en faut qu'ils soient tous religieux. La peur de toute
force inexpliquée fut l'origine de la croyance au
surnaturel; et les animaux supérieurs en ont le germe,
notamment le chien, pour qui le maître est un dieu.
Sous la terreur de l'inconnu, les premières races
humaines peuplèrent l'univers d'entités créées par
une imagination longtemps sans contrôle; et ces
conceptions revêtirent toutes les formes, car à chaque
civilisation nouvelle il fallut des cieux nouveaux, et
l'histoire de l'humanité est celle de ses rêves.

DEUXIÈME NOTE

L'Atlantide.

Beaucoup de savants croient aujourd'hui à l'existence de l'Atlantide, si longtemps révoquée en doute.
Ils y ont été amenés par l'impossibilité d'expliquer
autrement les relations qui ont eu lieu entre l'ancien
et le nouveau monde pendant les dernières périodes
géologiques. « MM. Unger et Oswald Heer, écrit

M. Hamy, ont été conduits par la botanique à plaider
en faveur de l'existence d'un continent atlantique
tertiaire fournissant la seule explication possible
qu'on pût imaginer de l'analogie entre la flore mio-
cène de l'Europe centrale et la flore actuelle de
l'Amérique orientale. »

A propos des dépôts lacustres de l'Espagne, attestant la présence de grands fleuves qui, pendant un
laps de temps considérable, auraient déversé leurs
eaux dans d'immenses bassins, M. Hamy admet aussi
l'existence d'une vaste terre, alors réunie à la pénin-
sule ibérique. « Entre l'Espagne, l'Irlande et les
États-Unis, écrit-il, se trouvait sans doute le continent atlantique qui fit un pont aux migrations plus
ou moins lentes des plantes, des animaux et de
l'homme lui-même, à l'époque tertiaire, vers les
terres américaines. »

Ce trait d'union entre les deux continents fut
rompu probablement lors du soulèvement des Alpes
occidentales, qui clôt les temps pliocènes. Il en serait
resté une grande île dont, au dire d'Élien, les habitants dominèrent le monde, et qui s'effondra dans un
gigantesque tremblement de terre [1]. D'après Platon,
les prêtres de Saïs racontèrent à Solon que, dans les
temps fabuleux, les Grecs avaient refoulé une puis-
sante nation sortie d'une île immense située au delà
des colonnes d'Hercule, et qui tout à coup s'effondra.

Cette lutte entre l'Orient et l'Occident paraît avoir
été la conséquence de l'arrivée des Hellènes en

1. Les Canaries et les Açores gardent les traces de ce cata-
clysme, et les rives du golfe du Mexique sont encore sub-
mergées.

Europe; et la légende en conserva le souvenir sous
le nom de guerre des Titans. Aucun écrivain ancien
ne mettait en doute l'existence du continent disparu ;
et ce ne fut qu'après notre ère, quand les livres
bibliques firent tout rapporter à l'Orient, que le récit
de Platon passa pour une fantaisie de philosophe.
On se livra à ce sujet aux interprétations les plus
étranges. Amélius retrouvait dans le récit de Platon
le combat des étoiles fixes et des planètes; Numé-
rius, la lutte du bien et du mal; Origène, celle des
bons et des mauvais anges; Proclus, l'opposition de
l'esprit et de la matière.

Sans affirmer, comme Grave et plusieurs auteurs,
que ce furent les habitants de l'Atlantide qui transportèrent dans l'ancien monde les éléments de la
civilisation, je leur attribuerais une grande place
dans ce que Eusèbe appelait l'empire scythique.

TROISIÈME NOTE

Le culte phallique.

L'étendue de l'influence des Scythes occidentaux,
pendant les temps préhistoriques, est attestée par
l'universalité du culte phallique.

Les descendants des habitants primitifs de l'Inde
qui adorent Siva ou le principe mâle, portent encore
un phallus attaché à leur bras, quelquefois suspendu à leur cou. Ils peuplent en majorité la côte
orientale de Ceylan et les vastes montagnes qui, sur
le continent, séparent les pays malabares de ceux de

Coromandel. N'admettant que fort peu les préceptes des Brahmines, ils rejettent la distinction des castes et soutiennent que porter le lingam rend tous les hommes égaux. Les sectateurs de Vischnou qui, dans l'origine, adoraient le principe femelle, se tracent encore au milieu du front une ligne perpendiculaire un peu renflée dans le milieu; c'est une figure grossière de l'organe féminin ou du ctéis.

Les Brahmines avaient consacré ces deux emblèmes par une statue panthée, réunissant les deux sexes; et le lingam se voit toujours dans leurs temples. Les Indiens ont la plus grande vénération pour ce symbole de la nature se fécondant elle-même; beaucoup le portent sur la poitrine. Le taly que le nouvel époux attache au cou de sa femme et qui est analogue à notre anneau nuptial, est un diminutif du lingam, l'emblème de l'union féconde des sexes.

Les Assyriens et les Perses honoraient les mêmes représentations de la génération universelle. Dans l'avant-cour du temple d'Hiéropolis se trouvaient des phallus; il en était de même à Tyr et à Jérusalem. Dans la première de ces villes, on voyait un nain muni d'un énorme membre viril qui rappelle le Mercure pélasgique.

Les mêmes emblèmes existaient en Égypte; et, d'après Quinte-Curce, Jupiter Ammon était une ancienne pierre debout. Certaines idoles d'Apis portaient le membre sexuel hors de toute mesure; et Orus était représenté tenant à la main l'organe mâle en forte érection, tel que l'on voit l'homme au bonnet phrygien dans les monuments de Mithras. Au printemps, les images solaires avaient tous les caractères

de la faculté génératrice; et c'était dans cette saison
que, selon Plutarque, Osiris fécondait la matière.

Les rites phalliques des Pélasges furent analogues
à ceux de l'Égypte, et Hérodote nous dit qu'Osiris
était la divinité que les Grecs honoraient sous le nom
de Bacchus. Il remarque que les phalléphores ou
les fêtes de la génération se célébraient de la même
manière dans les deux pays; Diodore signale une
consécration analogue du phallus, et la ressemblance
parfaite qui existait entre les rites des cultes d'Osiris
et de Bacchus [1].

Tous les attributs représentant la fécondité figuraient dans les fêtes de ce dernier. Un énorme phallus était porté processionnellement par des jeunes
filles dans une corbeille en forme de ctéis [2]. On comprend que les chants qui accompagnaient ces cérémonies devaient répondre à leur esprit; Aristophane
leur donne le nom d'hymnes phalliques. Les fidèles,
la tête ceinte de branches de myrte, et le corps
souvent revêtu d'une peau de faon, portaient des
branches d'arbres, et suivaient en dansant la pompe
sacrée. Des jeux accompagnaient ces fêtes, notamment les sauts sur l'outre dont parle Virgile, et des
colin-maillard où l'on allait heurter des phallus
suspendus aux branches de pin.

Ces emblèmes caractéristiques se retrouvaient d'ail-

1. Les Égyptiens ayant consacré le figuier à Osiris, les Grecs
confectionnaient le phallus des fêtes de Bacchus avec le bois
de cet arbuste. La statue de Priape, dont parle Horace, était
faite d'un tronc de figuier.

2. Plus tard, la pomme de pin, par sa forme non moins
expressive mais plus décente, remplaça l'ancien emblème.

leurs partout. Les femmes particulièrement les entouraient d'hommages, et portaient souvent un phallus suspendu au cou ; elles ornaient de fleurs ses représentations. De même en Italie, et nulle part l'on ne croyait blesser les mœurs en rendant un culte public à l'emblème le plus expressif de la fécondité universelle.

A la longue, cependant, on perdit la signification élevée de ces fêtes, et seuls les sanctuaires leur conservèrent son caractère religieux. Dans les mystères orphiques se voyaient les deux principes mâle et femelle représentés par le phallus et le ctéis; à Samothrace, c'étaient les deux divinités que, selon Varron, l'on offrait à l'adoration des fidèles. Hérodote dit que les initiés connaissaient le sens symbolique de la posture obscène du Mercure des Pélasges. On l'honorait comme l'un des plus anciens représentants du principe actif. En Crète, les Curètes avaient élevé un autel à la dualité primitive, et le phallus n'était plus exposé qu'à l'adoration des adeptes.

Clément d'Alexandrie parle de la ciste dans laquelle était déposé le membre de Bacchus, et que les initiés aux mystères des dieux Cabires honoraient en Étrurie. Il rappelle ailleurs les cérémonies des différentes villes qui dressaient le phallus en l'honneur de Dionyse, et s'élève surtout contre les représentations de l'organe féminin. « Voilà, dit-il, ces augustes mystères auxquels il est à propos que la nuit prête ses voiles. » Dans son traité contre les Valentiniens, Tertullien assure que ces derniers pratiquaient les mêmes rites. « Quelle est, s'écrie-t-il, la divinité que l'on va adorer dans ces sanctuaires? Quel est le

grand objet des désirs des Éptotes? Quel est le prix
secret de ces mystères? La figure d'un membre viril
que l'on découvre aux yeux de l'initié [1]. »

Tertullien avoue toutefois que ces hérétiques donnaient une explication allégorique de ce symbole,
mais il n'avait garde de la comprendre. Arnobe ne
voulut pas davantage en pénétrer le sens, parce qu'il
préférait, ainsi qu'il en convient lui-même, repousser les interprétations qu'on lui en donnait; il lui
suffisait de décrier le paganisme, et l'occasion en
était facile.

QUATRIÈME NOTE

Les tertres américains.

C'est aux États-Unis, non loin d'anciennes mines
de cuivre abandonnées depuis des milliers d'années,
que se trouvent les plus nombreux monuments
astronomiques. On y voit des centaines de bas-reliefs
gigantesques, tous taillés à force de travail sur la
surface du sol, et représentant tantôt la figure d'une
tortue ou de Véga qui, dans ces temps reculés, était
fort voisine du pôle boréal, et servait d'étoile polaire;
tantôt celle de lézards ayant la queue recourbée,
selon le type que le zodiaque scythique donne au
signe appelé le scorpion.

Les représentations de la voie lactée sont nom-

---

1. Plusieurs des premières sectes chrétiennes furent en effet
composées d'initiés aux anciens mystères.

breuses. Le grand serpent du comté d'Adams est situé sur une colline haute de 50 mètres. La tête en occupe le sommet, et le corps se déroule sur une longueur de 230 mètres. La bouche est ouverte comme pour rejeter un sphéroïde aplati qui repose en partie sur sa mâchoire. L'un des diamètres horizontaux de cet œuf du monde est de 53 mètres, l'autre de 20.

Ces monuments, tous en terre, ne contiennent pas de sépulture; et il est impossible de ne pas y voir la reproduction des symboles astronomiques, propres aux Atlantes ou aux Protoscythes, que nous retrouvons dans l'ancien monde.

CINQUIÈME NOTE

Le serpent.

Le fait le plus remarquable et le plus constant de l'histoire légendaire de ces anciens temps, c'est que le serpent, ou le peuple qu'il symbolisait, est toujours associé à l'origine de la métallurgie. Quatzalcoatl, dieu serpent, était un étranger qui enseigna aux Péruviens l'art de travailler les métaux. Le grand serpent de l'Égypte, Kneph, est le père d'Héphestus, dieu des métaux. Cadmus, dieu serpent, était, en Grèce, regardé comme le premier mineur. Le royaume souterrain, séjour des métaux, était gardé par Cerbère qui originairement était un serpent. Hi ou Hoa, le dieu serpent des Chaldéens, était le conservateur des trésors. D'après les traditions, la plupart de ces dieux serpents avaient enseigné l'agriculture en même temps que la métallurgie,

Les descendants des populations primitives de l'Inde vénèrent les Nagas, serpents légendaires, habiles à travailler les métaux. Dans son ouvrage sur le culte du serpent, M. Fergusson donne la copie d'un très ancien monument de l'Hindoustan où des mineurs, armés de marteaux, sont gardés par des serpents. La Grèce a conservé le soûvenir de ces vieux métallurgistes dispersés par les invasions aryennes. Les Cabires étaient célèbres pour avoir enseigné aux hommes l'art de travailler les métaux. On les confondait avec les Dactyles, à qui était attribuée la découverte de la fonte. Les noms de plusieurs de ces derniers sont significatifs : Celnis ou le fondeur, Damnaménée ou le marteau qui dompte, Acmon ou l'enclume.

Les innombrables légendes des âges suivants font du serpent, ou du dragon, le gardien des trésors cachés. Dans tous les anciens livres d'alchimie, les métaux sont représentés par des serpents.

SIXIÈME NOTE

La civilisation pélasgique.

La civilisation qui précéda l'arrivée des Hellènes en Europe était à peu près inconnue, lorsque les fouilles entreprises à Hissarlik en revélèrent le développement et la décadence.

M. Schliemann a constaté dans les différentes couches de cette colline l'existence de cinq villes superposées; et il est probable que la troisième est la Troie homérique. Or les vases et les parures trouvés dans la seconde, par ordre d'ancienneté, rappellent ceux découverts à Santorin, qui, bien que d'une facture moins inexpérimentée et par suite plus récente, ont été exhumés de couches de cendre antérieures à des éruptions volcaniques que les géologues reportent à plus de dix-huit siècles avant notre ère.

Ces vases et ces statuettes conservés sous la lave d'éruptions dont les Grecs de l'âge historique avaient perdu le souvenir, appartiennent à la période du plein épanouissement de l'art pélasgique. Cette prospérité disparut par suite du bouleversement qui suivit l'arrivée des hordes aryennes; une profonde perturbation sociale explique seule le vide dans lequel cette antique civilisation s'est effondrée, et le silence qui s'est fait sur ses ruines. Mais, avec le temps, les éléments nouveaux se fusionnèrent avec les anciens; et, après une sorte de moyen âge pendant lequel tout fut oublié, apparut une autre civilisation digne d'une éternelle admiration.

SEPTIÈME NOTE

Les anciens métallurgistes.

L'arrivée en Europe des hordes asiatiques fut suivie d'un temps de confusion, analogue à celui qui résulta des invasions du v° siècle de notre ère, et pendant lequel bien des secrets industriels se perdirent. Les arts métallurgiques ne se conservèrent que dans quelques rares contrées qui gardèrent les traditions du passé.

Pline nous dit que le bronze était particulièrement usité avant la fondation de Rome, et qu'à la prise de Volsinie, les Romains enlevèrent deux mille statues d'airain. « Ce qui m'étonne, ajoute-t-il, c'est que ces statues étant d'une origine si ancienne en Italie, les simulacres des dieux aient été faits à Rome en bois et en argile, jusqu'à la conquête de l'Asie qui introduisit le luxe. » Les Romains recueillaient ce qui restait des œuvres antiques comme des objets d'art qui ne lassaient pas leur admiration. Les fameux vases dits corinthiens étaient devenus introuvables, et les procédés de fabrication complètement oubliés. « La manière de fondre l'airain précieux est totalement perdue », écrit encore Pline. Celui de Délos et d'Égine jouissait d'une si grande réputation que l'on s'en disputait les moindres morceaux pour les refondre, sans parvenir à découvrir le secret de son alliage.

La race métallurgique, anéantie ou dispersée, avait emporté ce secret. Pythias fait allusion aux débris de ces habiles artisans confinés dans quelques montagnes, et les habitants de la plaine avaient souvent recours à eux pour la confection de leurs armes. Il se mêlait des idées de sorcellerie à cette supériorité inexpliquée par les masses; et l'on retrouve les traces de ces superstitions dans quelques légendes populaires. Aussi Schmerling, en parlant des cavernes situées près de Liège, écrit-il : « Ces ouvertures sont connues des habitants de l'endroit sous le nom de trous des Sottais. Ils prétendent que jadis ces grottes servaient d'habitations à une espèce d'hommes de petite taille : Sottais, Nains, Pygmées, qui vivaient de leur industrie et restauraient tout ce qu'on déposait près des ouvertures, à condition que l'on y ajoutât des vivres. En très peu de temps, ces objets étaient réparés et remis à la même place. »

Ces légendes existaient partout profondément gravées dans la mémoire des peuples, et se perpétuaient d'âge en âge. Toutes sont unanimes dans leur respect traditionnel pour ces descendants des premiers métallurgistes. Chacun enchérissait à l'envi sur les récits des ancêtres; et il ne resta bientôt plus de ces anciens maîtres du monde que des contes merveilleux. La croyance aux Pygmées, aux nains Cabires, aux Hanoumans, aux Korigans, aux Palici, aux Cyclopes n'a pas d'autre origine. Pour les uns, les Gnomes, gardiens des mines, étaient de petite taille, amis de l'homme, et hantaient les demeures souterraines. Selon d'autres, les Cobales étaient des êtres surnaturels, à forme humaine.

Il faut encore retrouver un écho de ces vieux souvenirs dans les nains ventrus que portent les médailles de Cossura, et qui furent confondus par la vénération antique avec les apôtres Cabires; ceux-ci étaient souvent représentés avec tous les attributs des forgerons. Suivant plusieurs auteurs, ils étaient des ouvriers de Vulcain, et de même race petite et obèse que les Corybantes, les Curètes et les Dactyles.

HUITIÈME NOTE

Le molochisme dans l'antiquité.

LA GRÈCE

S'étant mêlés aux anciennes populations de la Grèce, les Hellènes adoptèrent le Dionyse pélasgien dont ils avaient trouvé le culte établi[1]; longtemps ils lui offrirent des victimes humaines, avant d'entreprendre une guerre, ou pendant les calamités publiques[2]. Achille immola douze Troyens[3], et Thémistocle trois princes, neveux de Xerxès, pour se rendre Dionyse favorable[4]. On lui sacrifiait des hommes dans les îles de Chypre[5], de Chios, de Lesbos et de Ténédos[6]; d'après Eusèbe, on arrachait à la victime vivante la chair morceau par morceau, afin que l'offrande fût plus méritoire; et cette atrocité donna au dieu le surnom de Omadios, le déchireur, le dévoreur de viande crue[7]. Suidas rapporte qu'à Athènes, dans les temps anciens, on brûlait

1. Les Pélasges avaient considéré le principe mâle de la dualité scythique comme souverain des mondes céleste, terrestre et souterrain. Sous ce troisième aspect, c'était le dieu des nuages et des tempêtes, redouté par toutes les populations primitives; et les Pélasges le nommaient Dionyse le ténébreux. Ce fut plus tard que les Hellènes le confondirent avec le fils lumineux de la nuit.
2. Eusèbe, *Præp.*, 4, 16.
3. Homère, *Iliade*, 23, 175.
4. Plutarque, *Thémistocle*.
5. Lactance, *Instit.*, 1, 21.
6. Porphyre, *De abstin.*, 2, 55.
7. Eusèbe, *Præp.*, 4, 16.

annuellement des criminels, après les avoir nourris abondamment aux frais de la ville. Ces victimes étaient désignées sous le nom de Pharmakoi, instrument de purification.

Les Athéniens, qui avaient si longtemps envoyé en Crète des jeunes garçons et des jeunes filles pour être offerts au Minotaure, conservaient, plusieurs siècles après l'abolition de ce tribut, un respect superstitieux pour le clergé de cette île. Dans un cas grave, ils consultèrent le prêtre crétois, Épiménide, qui exigea le sacrifice d'un homme; et Cartine s'offrit en holocauste [1].

La mère universelle fut sans aucun doute plus adorée que le principe mâle dans toute l'Europe méridionale. Elle était souvent représentée avec une tête de vache, ou portant sur une tête humaine les cornes de cet animal. Son culte était également sanguinaire; et Ovide parle des victimes qui lui étaient sacrifiées dans la Chersonèse [2]. C'était la fameuse Diane de Tauris à laquelle Iphigénie devait être livrée, monstre si affreux que celui qui la regardait devenait fou.

Elle eut en Grèce plusieurs temples. Les Phocéens jetaient des hommes dans le feu de son autel [3]. En Achaïe, son idole faisait couler annuellement le sang d'un jeune garçon et d'une jeune fille [4]. A Laodicée, on lui immola des vierges. Les Locriens, sur la foi d'un oracle, envoyaient tous les ans une vierge

1. Hérodote, V, 71. — Thucidyde, 1, 126.
2. Ovide, Trist., IV, 4, 61. — Eusèbe, Præp., IV, 16.
3. Eusèbe, Præp., IV 16.
4. Pausanias, VII, 19.

à Troie, pour être brûlée vive devant l'autel d'Artémis taurienne[1] ; ce qui fut religieusement exécuté jusqu'à la guerre hellénique, c'est-à-dire pendant plusieurs siècles[2]. Athènes avait également sacrifié des victimes humaines à cette déesse; et à Hiéropolis, au II° siècle de notre ère, les gens pieux jetaient encore des enfants du haut de la terrasse de son temple. Elle était appelée Lilith, d'un mot sémitique qui veut dire la nuit, et son idole était noire.

Toutes ces déesses avaient des surnoms qui témoignaient de leur origine, et rappelaient leur relation avec les emblèmes phalliques. La Diane de Sparte s'appelait Orthia, c'est-à-dire celle qui se tient droite ; elle était représentée par une colonne ou un tronc d'arbre avec une tête, comme l'Achéra de quelques tribus sémitiques, dont le nom signifiait également être droit.

Mais l'esprit aryen ne pouvait subir longtemps le joug d'un pareil culte. Les légendes grecques racontent que les Centaures renversèrent un grand nombre d'idoles molochistes, et Chiron paraît avoir été l'instigateur de plusieurs héros destructeurs de Chiméra, Cerbère, Géryon et Cacus, lesquels jetaient des flammes, et avaient trois têtes comme souverains des trois mondes. C'étaient des idoles-fournaises où l'on brûlait les victimes.

En Laconie, Lycurgue remplaça le sacrifice humain par une flagellation infligée à des jeunes gens

1. Callimaque. — Servus, *Ad Virg.*, 1, 45.
2. Muller, *Orchomenos*, 167.

jusqu'à ce que leur sang jaillît sur l'autel d'Artémis Orthia [1]. Il en fut de même en Arcadie, où le sang de femmes fouettées à outrance devait arroser l'autel de Dionyse [2]. Les Grecs adoptèrent même un rite pratiqué par d'autres peuples molochistes, et qui était une concession faite par les prêtres. Le meurtre des jeunes filles fut, en Chypre, remplacé par leur défloration [3]. Si l'on épargnait la vie de la victime, quelques gouttes de son sang n'en étaient pas moins versées. Les Locriens assiégés par Lycophon promirent à leur déesse de lui offrir la virginité de toutes leurs filles, s'ils échappaient au danger [4].

Il est possible que la castration ait également remplacé l'immolation. Dans l'Asie Mineure, c'était un sacrifice pratiqué surtout par ceux qui se consacraient aux cultes du second principe. Les prêtres de l'un de ces sanctuaires s'appelaient Kibèles, du mot sémitique *chibbul*, qui veut dire *le bien-aimé*, d'où le nom de la déesse. Ils se nommaient aussi Galles, d'un autre nom sémitique, *gaal*, se *marier*. Ils étaient eunuques, et réputés unis à leur déesse par le sang versé. Les postulants à la prêtrise subissaient l'opération de la main du grand prêtre. Il arrivait même que les assistants de ces cérémonies, entraînés par un délire religieux, saisissaient des glaives exposés tout exprès, et accomplissaient sur eux-mêmes l'oblation sacrée. Ils parcouraient ensuite la ville, et

1. Pausanias, III, 16. — Cicéron, *Tuscul.*, I, 14.
2. Pausanias, VIII, 23.
3. Justin, XVIII, 5.
4. A Trézène, les fiancées déposaient leur chevelure sur l'autel de la déesse, et ce don tenait lieu d'une perte plus irréparable.

jetaient devant tous les sanglants témoins de leur ferveur[1].

La répulsion des Hellènes pour les pratiques pélasgiques leur fit de bonne heure substituer des animaux aux victimes humaines, dans les sacrifices annuels de rédemption. Les habitants de Potniée, en Béotie, au lieu d'offrir comme jadis à Dionyse le plus beau de leurs garçons, le remplacèrent par une chèvre[2]; les Ténédiens immolèrent un veau auquel on mettait des souliers d'homme, et la mère de l'animal était traitée avec les mêmes honneurs que si elle eût été une femme[3]. Au lieu d'un enfant, les Crétois déchirèrent un jeune taureau vivant dont ils mangeaient la chair crue[4]; et, dans l'île de Chypre, à Salamine, l'homme que l'on tuait tous les ans, au mois du pessà'h sémitique, fut remplacé par un taureau[5]. Je pourrais citer bien d'autres exemples.

L'ITALIE

L'Italie connut les rites molochistes dans toute leur barbarie primitive. L'idole de Cacus appelée par Virgile *semi hominem*, et par Ovide *semi bovemque virum*, *semi virumque bovem*, était une énorme statue creuse en airain contenant un brasier, qui fut renversée par Hercule, comme le Minotaure le

---

1. Cette castration était également usitée chez les prêtres de Diane d'Éphèse et d'Astarté.
2. Pausanias, IX, 8.
3. Peri-zôon, XII, 34.
4. Julius Firmicus, *De errore prof. relig.*, p. 15. — Il ne faut pas oublier que les Crétois étaient une colonie sémitique.
5. Eusèbe, *Præp.*, IV, 16.

fut par Thésée. Romulus fonda l'autel toujours sanglant de Jupiter Férétrien; et dans les premiers temps de Rome, malgré les ordonnances de Numa, les sacrifices humains continuaient à être pratiqués dans le temple du Saturne latin. Lorsque les livres de la sibylle ordonnaient un holocauste exceptionnel, on enterrait vivants deux hommes et deux femmes[1]. Sans aller jusqu'à la mort, les prêtres de Bellone se faisaient des incisions sur les bras et les épaules pour arroser de sang humain leur autel[2]; et Lactance écrivait à ce sujet : « Ces prêtres sacrifiaient non avec le sang d'autrui, mais avec celui de leur propre chair[3]. » A l'embouchure du Tibre, le grand prêtre d'Artémis taurienne devait tous les ans se battre avec un postulant, et finissait toujours par être tué; sa mort était considérée comme une offrande à la déesse[4].

Comme en Grèce, la rigidité de l'ancien molochisme s'atténua; et les Romains ne firent plus que le simulacre de l'ancien sacrifice humain. A la fête des lares compatiles, on remplaça les enfants précédemment immolés par des poupées[5]; et les vestales substituèrent aux victimes qu'elles jetaient autrefois dans le Tibre, le 15 mai de chaque année, des mannequins en osier et en cire représentant des vieillards[6].

Toutefois, sous Jules César, les prêtres de Mars

---

1. Tite-Live, XXII, 57.
2. Horace, II Satires, III, 223.
3. Lactance, Instit., I, 21.
4. Strabon, V, 239.
5. Macrobe, Saturne, I, 9.
6. Ovide, Fastes, V, 621.

immolèrent encore deux hommes[1]. Effrayé par une comète, Néron sacrifia plusieurs personnes de distinction[2]; Commode tua un homme de ses mains pour célébrer une fête de Mithras, le dieu assyrien[3]; et, en pareille occasion, Héliogabale fit chercher dans toute l'Italie des enfants de haute naissance pour les sacrifier[4]. Les pères de l'Église assurent enfin que, jusqu'au IVe siècle, le sang humain continuait à couler devant l'autel de Jupiter Latial.

LA GAULE

Les anciens rites des Ibériens furent toujours pratiqués par les Gaulois[5], ils croyaient que les dieux étaient conciliés par la mort de victimes humaines[6], qu'ils brûlaient dans d'immenses bûchers, en forme d'idole[7]. Ils tuaient un homme lorsque l'un des principaux du pays était atteint d'une maladie grave, s'imaginant que la vie pouvait être sauvée par substitution; c'était la doctrine ancienne dans toute sa barbarie[8]. Pour fléchir le courroux céleste, les Marseillais avaient la coutume de sacrifier un mendiant; après l'avoir abondamment nourri, ils le précipitaient dans la mer du haut d'un rocher[9].

Ces pratiques furent toujours combattues par les

1. Dion Cassius, 43, 24.
2. Suétone, *Néron*.
3. Spartion, *Commode*.
4. Spartion et Lampride, *Héliogabale*.
5. Cicéron, *Pro Font.*, C. 10.
6. Lactance, *Instit.*, I, 21.
7. César, *Comment.*, 6, 16.
8. César, *Comment.*, 6, 16.
9. Serve, *Ad Eneid.*, 3 57.

gouverneurs impériaux, qui de temps à autre cruci-
fièrent ou brûlèrent quelques prêtres gaulois. Aussi
le molochisme tendait-il à disparaître lors des premières prédications des apôtres chrétiens.

L'ÉGYPTE

De temps immémorial, les Égyptiens sacrifiaient à
leurs divinités sanguinaires des hommes que l'on
choisissait de chevelure rousse[1]; mais là, comme en
Grèce, ce rite barbare fut modifié; et, selon Mané-
thon, les trois victimes journellement immolées à
Héliopolis furent remplacées, sous le règne d'Amasis,
par trois cierges[2]. Plutarque parle d'un taureau sur
lequel on imprimait un cachet représentant un
homme égorgé, et qui était tué par substitution[3].
Toutefois ces réformes furent loin d'être générales,
et ne s'effectuèrent que lentement. Adrien promul-
guait encore plusieurs décrets contre des rites toujours persistants; et Juvénal rapporte un cas d'anthropophagie sacrée qui, de son temps, se serait passé
en Égypte[4].

NEUVIÈME NOTE

Le Molochisme dans les temps modernes.

Les sacrifices humains sont encore pratiqués chez
les descendants des races primitives de l'Hindoustan.

1. Plutarque, *De Isis*. — Diodore, I, 88.
2. Porphyre, *Abstin.*, 2, 56.
3. Plutarque, *De Isis*.
4. Juvénal, XV* *Satire*.

Dans les gorges du Ghoudwana, vaste contrée monta-
gneuse, se fait une traite d'enfants ou d'adolescents
vendus pour être immolés, par des parents surchargés de famille.

A chaque fléau public ou privé, à chaque maladie
grave, comme à chaque solennité religieuse, il faut
du sang humain; et les victimes de ces holocaustes,
bien nourris pendant plusieurs semaines, sont sacrifiées avec une ferocité épouvantable [1]. L'usage est de
les disséquer vivantes, de leur enlever un à un les
muscles des membres de manière à prolonger les
souffrances. Lors de l'établissement de la domination
anglaise, les sacrifices d'enfants, achetés ou volés,
étaient journaliers dans les jungles du Bundekund;
sept mille filles étaient étouffées tour les ans par leurs
mères dans les seules familles nobles du Cutch et du
Goudjérat.

Au moment de la conquête espagnole, ces sacrifices étaient également pratiqués avec toute leur barbarie première chez les Mexicains, qui sacrifiaient
leurs premiers-nés, absolument comme en Palestine.
Chez quelques peuplades du Brésil, un père qui voulait racheter son fils, était obligé, d'après Lafitau et
Labat, de subir des tortures cruelles, et de verser
son propre sang; c'était une sorte de substitution,
dénotant un sentiment de la paternité que ne con-
nurent pas les anciens Sémites [2].

La peur d'un dieu perpétuellement irrité a dû
conduire beaucoup de races humaines aux mêmes

---

1. De Lannoye, *L'Inde contemporaine*, p. 398.
2. Thèvet, *Cosmog. universelle*. — Du Tertre, *Hist. nat. des Antilles*.

idées de rachat, mais il y a entre les rites de l'Amérique centrale et ceux de l'Asie occidentale de telles analogies qu'il est difficile de les attribuer au développement parallèle d'une même croyance. Aussi beaucoup de savants ont-ils signalé les ressemblances qui existaient entre les Sémites et les Mexicains[1], et supposé que les Phéniciens avaient transporté sur les rives du Mexique leur culte molochiste. Nous croyons que des relations bien plus anciennes s'étaient établies entre les deux mondes par cette Atlantide dont l'antiquité avait conservé le souvenir.

Les Sémites engraissaient les victimes humaines avant de les immoler; or la coutume de les renfermer dans le temple et de les nourrir de mets recherchés pour en faire des offrandes plus agréables, était établie au Mexique et chez les Haïtiens[2]. Clavigero estimait à 64040 le nombre des hommes tués devant l'idole nationale, à l'occasion de la consécration du grand temple de Mexico; Torquemada portait ce nombre à 72344. Ces rites effroyables furent également observés en Floride par Lafitau, qui les compare à ceux du Chanaan. Cabéça de Vacca signale des faits analogues chez les Maréames.

Les procédés de torture étaient les mêmes dans les deux mondes. Munter rappelle que les Espagnols trouvèrent en 1518, dans un des îlots du golfe du Mexique, plusieurs colonnes d'airain creuses, et con-

1. Ewerbech. — Ghilleng. — Baumgarten, *Hist. univ. des peuples américains.* — Rochefort, *Hist. natur. et mor. des Antilles.* — Orbigny, *Un voy. en Amérique.* — A. de Humboldt, *Voy. dans les pays équinox. du Nouv. Monde.* — Daumer, *Le culte de Moloch.* — Colton, *Missions protestantes.*

2. Clavigero, 1, 416. — Carreri, *Giro del modo.*

tenant des os humains calcinés[1]. Les incinérations
analogues à celles qui étaient pratiquées par les
Sémites sont ici évidentes; et, de part et d'autre, le
sacrifice humain était considéré comme un acte con-
ciliateur; les chefs s'immolaient quelquefois pour
leurs sujets, ainsi que cela se pratiquait chez les
Sémites[2]. Mais, en Amérique, comme chez ces derniers, les victimes réputées les plus méritoires furent
toujours les enfants. D'après Torquemada, cette
croyance coûtait par an la vie à 20000 enfants dans
le seul Mexique, sans compter les autres victimes plus
âgées, dont le nombre, selon Calvigero, était à peu
près égal.

De toutes les aberrations du molochisme, la plus
odieuse était bien certainement celle qui attribuait à
la chair des enfants sacrifiés une vertu de purification. Ce rite ne se perpétua qu'en Amérique, dans
l'Europe septentrionale et en Syrie. Les Hébreux
conservèrent longtemps. la coutume religieuse de
manger la chair de ces pauvres victimes, ce qui était
encore pratiqué en Amérique lors de la conquête.

« Chez les Péruviens, dit Garcilasso, on tira des
veines d'un garçon de cinq à dix ans beaucoup de sang
pour servir à la confection nocturne d'un pain sacré
dont on mangea, à la fête du dieu, après s'être pré-
paré à cette communion par le jeûne et l'abstinence.
On frotta de ce pain rougi le seuil des maisons[3]. » Les
Hébreux avaient conservé cet usage par tradition,
ainsi que la coutume d'humecter du sang de la vic-

1. Munter, *Relig. des Carth.*, p. 10.
2. Clavigero, I, 222.
3. *Garcilasso*, 7, 6.

time du pessâ'h la porte de leurs maisons. En Europe,
les Esthéens de l'île d'Œsel faisaient nourrir abondamment de jeunes garçons que l'on avait enlevés à
des peuplades voisines; puis on les mangeait devant
l'autel de Thor [1]. Cette identité dans un rite aussi
contraire aux instincts les plus puissants, dénote
une initiation commune, ou une certaine unité de
race.

Plusieurs autres considérations font supposer
qu'il y eut entre les deux mondes une relation
datant des temps quaternaires. « Les langues de la
Syrie, de l'Arabie et du Nord de l'Afrique, écrit
M. G. Le Bon, se divisent comme leurs populations
en deux rameaux, le rameau sémitique ou syrio-
arabe, et le rameau chamitique ou égyptien-berbère.
Ces deux groupes de langages montrent des liens de
parenté fort étroits. Ils dérivent, avec leurs différents dialectes, d'une souche unique et primitive
aujourd'hui perdue... Si l'on classe les langues cha-
mitiques du Nord de l'Afrique dans les langues à
flexion, c'est surtout à cause de leurs rapports étroits
avec les idiomes sémitiques. Sans ces rapports, très
visibles, l'égyptien risquerait d'être classé encore
parmi les langues agglutinatives [2]. »

Or les idiomes berbères ont une grande analogie
avec ce qui s'est conservé du langage des Guanches,
population autochtone des îles Canaries, aujourd'hui
disparue, mais dont les ancêtres furent [3] contemporains de l'effondrement de l'Atlantide, leur mère
patrie. Je rappellerai de plus les rapports si souvent

1. Kohl, *Les provinces germaniques de la Russie*, II, 276.
2. G. Le Bon, *Les premières civilisations*, p. 258.

signalés, qui existent entre l'eskuara et les langues américaines, et même avec les langues berbères [1].

Il n'est donc pas impossible d'admettre que la race des Atlantes, au moment de son extension préhistorique, s'était répandue en Amérique et le long des rives de la Méditerranée, transportant, avec ses rites religieux, sa syntaxe agglutinative, d'où résultèrent les langues anciennement parlées au Mexique, en Ibérie, dans le nord de l'Afrique, et en Asie jusqu'en Chaldée [2]. Daumer remplit six pages de mots sémitiques et américains analogues.

D'un autre côté, pour expliquer les ressemblances singulières qui existent entre la céramique et l'architecture du Mexique, de l'Étrurie et de l'Égypte, plusieurs savants ont admis, qu'à une époque qui se perd dans la nuit des origines, ces divers pays avaient été occupés par une même race. « Je ne saurais, écrit Ghillany, comment on voudrait nier une connexité ethnographique des Phéniciens et des Égyptiens avec les Américains primitifs [3]. » « On a peine à comprendre tout ceci, dit de son côté Ewerbeck, quand on ne quitte pas le point de vue traditionnel. Pour moi, je suis convaincu de l'existence d'un passé où le continent que nous appelons le vieux était le nouveau, et où le continent dit nouveau était le vieux. Il faut pour ainsi dire changer d'hémisphère si vous voulez comprendre et embrasser l'ensemble

---

1. L'idiome basque est un débris de l'ancienne langue ibérienne.

2. Si cette hypothèse n'est pas illusoire, les colonies atlantes les plus longuement prospères furent celles établies au Mexique, en Etrurie, en Égypte et jusqu'en Chaldée.

3. Ghillany, Les sacrifices humains.

de l'histoire humaine. La civilisation antique de l'Asie et de l'Afrique n'a été qu'un reflet, qu'un écho de la civilisation antédiluvienne d'une Amérique antéhistorique... Pour nous, nous croyons à l'origine américaine des Sémites, peut-être même des anciens Égyptiens[1]. »

Pour expliquer les analogies qui précèdent, il n'est pas nécessaire d'aller si loin; il suffit de reconnaître l'existence de l'Atlantide, et d'admettre que la prépondérance des Protoscythes ou des Atlantes s'est étendue sur les deux mondes. Ma seule conclusion est que ce furent les Hébreux qui, dans l'ancien continent, conservèrent le plus longuement les rites de la civilisation primitive.

DIXIÈME NOTE

Les noms du Moloch sémitique.

Chaque peuplade lui donnait un nom particulier. El et Elohim paraissent avoir été les dénominations les plus usitées dans la Syrie méridionale, comme Bel et Baal le furent dans la Syrie occidentale, et ces différentes expressions avaient le sens de puissant. L'on y adjoignait souvent le mot Schadaï qui en accentuait la signification, et cet adjectif était employé quelquefois substantivement. Adonaï exprimait l'idée de supériorité. Edjou était enfin un qualificatif

---

1. Ewerbeck, *Qu'est-ce que la Bible?* — Vater, *Recherches*, p. 92. — Jefferson, *On the strate of Virginia.*

employé par la Bible soit seul, soit comme adjectif; on le retrouve en Phénicie et jusqu'à Carthage.

Tous ces termes étaient connus des Hébreux, qui les acceptaient d'autant plus facilement qu'il s'agissait toujours du même dieu implacable et sanguinaire. Ils l'appelaient quelquefois Schem : « Afin que tu trembles devant le Schem, le Dieu grand et terrible, le Jéhovah, ton Dieu [1]. » Or Schem était le nom populaire de Typhon, le Moloch des bords du Nil, auquel on sacrifiait des hommes, et qui fit lapider le fils d'un Égyptien et d'une Israélite, pour avoir blasphémé le Schem des Hébreux [2].

Le culte qui paraît avoir été le plus anciennement organisé en Palestine, et qui acquit sous les Juges Jaer, Abdon et Gédéon une assez grande importance, fut celui du Baal-Péor des Chananéens [3]. L'emblème de ce dieu était le fruit du grenadier; et l'âne, qui lui était consacré, fut longtemps considéré comme sacré. Jaer a trente fils adorateurs de Baal et montés sur trente ânes [4]; Abdon a quarante fils et trente petits-fils, montés sur soixante-dix ânes [5]; Samson tua mille Philistins avec une mâchoire d'âne qui devait être un signe religieux et militaire porté devant les Hébreux. Balaam, le possesseur de l'âne qui parle, fut un prêtre de Baal; j'ajouterai que le Dionyse des Grecs était également monté sur un âne lequel, selon quelques auteurs, avait une voix

1. Deutéronome, 28, 58.
2. Exode, 1, 24.
3. Samiar paraît au contraire avoir été un adorateur d'Elohim.
4. Juges, 10, 4.
5. Juges, 12, 14.

humaine [1]. La Bible d'Esdras conserva des traces de ce culte, et déclare que le premier-né de l'âne peut être racheté de l'immolation comme le premier-né de l'homme [2].

Les cultes de Baal et d'El prévalurent jusqu'au règne de Salomon qui donna la préférence à Jahveh, appellation du dieu sémitique dont il me reste à parler.

Beaucoup d'auteurs ont soutenu que le nom de Jahveh fut généralement employé par les Hébreux dès le xvᵉ siècle avant notre ère. Les uns croient que c'était un terme usité près du mont Sinaï et adopté par Moïse; d'autres que celui-ci ne fit que vulgariser une dénomination depuis longtemps employée dans sa famille; mais ces deux hypothèses ne reposant sur aucune preuve, ne résistent pas à la critique. Plusieurs supposent que Moïse aurait rapporté d'Égypte la conception exprimée par le mot Jahveh, et s'appuient sur la célèbre inscription du temple de Saïs : « Je suis celui qui a été, qui est et qui sera. » Moïse, disent-ils, l'aurait connue, et y trouva l'idée complémentaire de durée qu'il ajouta aux attributs de force et de puissance, du dieu de ses ancêtres. Le futur du verbe hébreu : être, rendait cette idée avec une certaine précision; et ce futur pris substantivement serait devenu Jahveh, littéralement : Le étant.

Mais Moïse repoussa toujours ce qui pouvait rap-

---

1. Pausanias, *Corinth.*, 38. — Kanne, *Panthéon de la plus ancienne philosophie.*

2. L'âne fut l'emblème de quelques autres Molochs. Lorsqu'en Égypte, le culte d'Osiris prévalut, et que l'ancien dieu fut relégué dans le monde souterrain sous le nom de Typhon, l'âne continua à lui être attribué.

peler l'Égypte. C'était un sémite, incapable d'avoir une autre conception de la divinité que celle de sa race; et, d'ailleurs, rien n'est moins authentique que cette prétendue inscription de Saïs : « Plutarque est le premier qui en fasse mention, écrit M. Nicolas; ni Hérodote, ni Platon, ni aucun autre des Grecs qui ont parlé de l'Égypte antérieurement à l'ère chrétienne, ne paraissent l'avoir vue, ni en avoir eu quelque connaissance [1]. » Il est donc plus que probable qu'elle était relativement récente, si elle a jamais existé.

La véritable origine de Jahveh ou Iahvé paraît être plus simple. Ce terme, dont on fit plus tard Jéhovah, n'est qu'une modification du nom du dieu chaldéen Jao [2]. Bien que pendant la période des Juges, les dieux généralement adorés en Palestine fussent communs avec les tribus voisines, il est probable que ce nom circulait déjà parmi les quelques Hébreux qui avaient des relations avec les Chaldéens. Mais Salomon, après avoir établi l'unité des fils d'Israël, voulut créer un centre religieux qui affirmât l'indépendance de son royaume. Il avait besoin d'une dénomination du dieu sémitique qui fût particulière à son peuple, il choisit Jahveh, déjà connue de plusieurs, et qui ne provenait pas des contrées ennemies [3].

1. Nicolas, *Études sur la Bible*, p. 152.
2. On trouva le même nom de dieu dans l'Amérique centrale.
3. Les Grecs donnaient le nom de Jao au dieu des Juifs, et quelquefois ceux de Jaon ou de Jeon, expressions également employées en Syrie. Le Jao des Hébreux s'appelait souvent Zabaoth, ainsi que le Jao-Jeon des Chaldéens; et plus d'une

Salomon organisa donc un culte national et nouveau, à l'imitation de celui des Phéniciens. Ce qui prouve d'ailleurs que le Jéhovisme n'avait aucune racine dans le pays, c'est que ce roi législateur ne tint aucun compte des habitudes traditionnelles des Hébreux. Jérusalem n'avait jamais été un lieu de prières, avant de devenir la capitale du royaume. La tradition aurait demandé que le temple fût élevé à Silo ou à Béthel; c'étaient là des endroits sacrés pour la famille de Jacob.

On ne peut tenir compte des interpolations introduites dans la Bible par les réformateurs, car il est impossible que Moïse ait institué un culte propre aux Hébreux, et que ceux-ci vécussent ensuite pendant 500 ans sans avoir d'autres dieux que ceux des peuplades voisines. Si les Israélites avaient eu un dieu particulier, ils se seraient gardés de prendre ceux de tribus avec lesquelles ils étaient perpétuellement en guerre. Ils eussent été trop heureux d'avoir tout au moins une autonomie religieuse comme lien national. L'idée de faire remonter à Moïse l'institution du jéhovisme ne date que de Josias; et Salomon ne se doutait guère que le héros de l'exode serait un jour le fondateur de son culte. Dans les paroles qu'il prononça lors de l'inauguration du temple, il n'y a pas un mot pour Moïse, pas une allusion à ses prétendues ordonnances.

Pendant les premiers temps de la royauté, le nom

---

fois le Dionyse pélasgique s'appela Jao. Aussi Tacite nomme-t-il le dieu des Juifs : Père Dionyse (Tacite, *Hist.*, 5, 5). D'après Macrobe, Dionyse serait le même que Jao-Jéhovah, et aurait un culte analogue (Macrobe, *Saturn.*, 1, 18).

nouveau était encore si peu familier aux masses
populaires, que, dès la mort de Salomon, la plupart
des Israélites retournèrent à leurs anciennes adorations; et Tobie paraît avoir été le seul qui abandonna
la foi des ancêtres. « Tandis que tous allaient adorer
les veaux d'or que Jéroboham avait faits, il fuyait
seul la compagnie de tous les autres [1]. » Le culte
institué par Salomon n'était donc à cette époque
pratiqué que par un petit nombre d'Hébreux; la
grande majorité continua à appeler son Moloch El
ou Élohim [2]; et de là résultèrent deux cultes rivaux
qui eurent leurs chroniques. Les compilateurs de la
Bible ayant puisé dans tous les anciens écrits, il est
facile de reconnaître ces deux traditions parfaitement
distinctes.

Jusqu'à la captivité, l'antagonisme entre les deux
cultes fut constant. Les Jéhovistes d'Israël appelés à
Jérusalem par Ézéchias pour manger la nouvelle
pâque, signalèrent leur zèle en dévastant les hauts
lieux des Élohistes [3]. Sous Manassé, ceux-ci frap-
pèrent à leur tour les adorateurs de Jéhovah; mais
l'élohisme, après avoir été encore persécuté sous

---

1. Tobie, 1, 5.
2. Ce fut vers cette époque que le culte de Baal-Peor paraît
avoir été abandonné; c'était d'ailleurs le dieu préféré d'un
peuple ennemi. Toutefois Jéroboham lui éleva encore, à Dam
et à Béthel, deux ânes dorés; et Apion rapporte qu'Antiochus
trouva dans le sanctuaire du temple de Jérusalem, une tête
d'âne en or que les Judéens vénéraient comme un symbole
sacré; d'après Tacite, la statue entière d'un âne était placée
dans le temple. (Tacite, *Hist.*, 5, 3.)
3. Une idole, ayant sans doute quelque rapport avec le culte
d'Elohim, se trouvait, du temps d'Ezéchiel, dans le temple de
Jérusalem : « Là est debout la statue qui excite la jalousie
de Jéhovah. » (Ezéchiel, 8, 3.)

Josias, et avoir triomphé de nouveau lors de la mort
du roi, disparut définitivement pendant la captivité.
Ce fut alors que les prêtres judéens purent remanier
les récits des ancêtres, et constituer le judaïsme.

ONZIÈME NOTE

La Bible.

Sauf parmi les chrétiens et quelques Juifs, l'on ne
croit plus aujourd'hui que la rédaction des cinq premiers livres de la Bible remonte au temps de Moïse.
La date la plus ancienne attribuée à l'usage de l'écriture en Palestine n'est pas antérieure au siècle de
David; et ce sont les Phéniciens qui l'enseignèrent
aux Hébreux[1]. Le style du Pentateuque est celui des
écrits prophétiques contemporains de la captivité;
on y trouve des mots araméens et même persans; et
le texte en trahit l'origine presque à chaque page.
C'était d'ailleurs une tradition chez les Juifs que les
chroniques des ancêtres, dispersées ou détruites lors
de la ruine de Jérusalem, avaient été réformées ou
reconstituées du temps d'Esdras[2]. Telle était également l'opinion des pères de l'Église les plus ins-
truits[3].

Il serait en effet contraire au bon sens de rapporter
à Moïse l'organisation compliquée du culte que nous
voyons décrite dans le Pentateuque, et dont on ne

1. Hartmann, *Recherches sur les livres de Moïse*, p. 588.
2. Néhémie, 8, 1 et 2.
3. Hieronim., *Ad Hebrid.* — Augustin, *De mirabil. script.*

trouve pas trace sous les Juges, ni au temps de
David. Il n'est question du Décalogue dans aucun
livre ancien; on n'y découvre aucune allusion à la
révélation du Sinaï; et les psaumes ne parlent de
Moïse que comme du chef qui conduisit le peuple
d'Israël hors de l'Égypte. L'alliance de Dieu est celle
conclue avec Abraham, jamais celle qui fut traitée
en Horeb; et le nom de Moïse ne se trouve dans les
écrits d'aucun prophète, à l'exception de ceux d'Ézéchiel, de Malachie et de Daniel, tous trois contemporains de l'exil ou postérieurs.

La Bible contient du reste un certain nombre de
faits qui attestent l'indécision des croyances pendant plusieurs siècles[1]. Jusqu'au règne de Salomon,
les Hébreux sacrifiaient quand et où ils voulaient;
diverses idoles furent élevées tour à tour, et l'on ne
croyait enfreindre aucune prescription religieuse[2].
Aussi Cahen a-t-il écrit : « Il nous paraît probable
qu'après la mort de Josué, le lien politique s'est
rompu entre les tribus. Chacune a repris son indépendance primitive, d'après des coutumes traditionnelles. Le culte était celui du pays; les dieux ceux de
Chanaan[3]. »

Les fautes historiques fourmillent également dans
ces livres réputés révélés. Comment une peuplade
incapable au siècle de Samuel de forger des glaives
et des instruments d'agriculture, puisque Saül chargeait les Philistins de ces travaux, aurait-elle confec-
tionné, plusieurs centaines d'années auparavant, les

1. Juges, 8, 27; 17, 3.
2. Juges, 17, 4 et 12; 18, 17 et 30.
3. Cahen, *Traduction de la Bible*, VII, p. 219.

11.

tissus de pourpre et les bijoux usuels que décrit la
Genèse? Parlant de la lettre de séparation qu'un
époux doit donner à la femme qu'il répudie, le Deutéronome emploie le mot persan signifiant encre, et
celui qui désigne le rouleau à écrire date du temps
de Jérémie [1]. Il est dit dans la Bible qu'Israël fut
forcé par Pharaon de faire des briques, alors que les
Égyptiens se servaient de pierres pour leurs con-
structions; c'était un souvenir de la captivité, les
Babyloniens ne bâtissant qu'avec des briques. Je
pourrais citer beaucoup d'autres allégations aussi
fausses, notamment les 600 000 hommes valides d'Israël, lors de son exode. Pour l'historien, les Hébreux
consistaient alors en quelques tribus nomades, qui,
partout repoussées, errèrent longtemps dans la pres-
qu'île du Sinaï.

Les récits de la création qui ont été placés en tête
de la Bible, sont d'origine phénicienne. D'après Sanchoniathon, l'univers résulte de l'action de l'esprit
sur la matière. Or, dans la Genèse, Dieu agit sur la
matière ténébreuse, et la lumière jaillit du sein du
chaos. Elle nous montre d'abord les eaux obscures,
puis l'esprit sous la forme d'un souffle, et le premier
phénomène apparaît.

La légende du paradis terrestre est prise dans le
mazdéisme, et atteste une fois de plus que le Pentateuque fut coordonné vers l'époque de la captivité.
La Genèse, comme Zoroastre, place l'homme dans
un jardin de délices, et y fait introduire le mal par

---

1. L'ignorance des rédacteurs des livres attribués à Moïse
alla même jusqu'à prendre des mots araméens pour des mots
égyptiens. (*Bohlen*, p. 55.)

la civilisation scythique ou le serpent, en sorte que ces deux récits, aux termes près, sont identiques. L'anecdote d'Ève et du serpent témoigne peut-être de la faiblesse que les femmes asiatiques avaient manifestée pour cette première civilisation. Les livres zends placent le paradis terrestre dans l'Iran; ils l'appellent Éren, nom dont les prêtres judéens firent Éden, avec d'autant plus de facilité que le D, et l'R dans les deux langues sont des caractères alphabétiques presque semblables. Non seulement les lieux de la scène, mais les fleuves décrits sont les mêmes.

DOUZIÈME NOTE

Influence du scythisme sur les Sémites.

La domination scythique avait laissé son empreinte sur les croyances des Sémites primitifs[1]. Par suite de l'influence d'une civilisation supérieure, le phallus devint en Syrie la représentation d'un grand nombre de Molochs; et dans les plus anciens temps de l'histoire de la tribu d'Israël, pendant la période appelée patriarcale, nous retrouvons cet emblème du principe mâle.

La Bible parle des pierres qui étaient placées debout en l'honneur d'El : « Jacob prit une pierre et l'érigea

---

1. La Bible parle de Tubal-Caïen, littéralement l'ouvrier forgeron, de la race de Caïen. Ce Tubal est généralement considéré comme représentant les Ibares ou Ibères du Caucase, qui avaient apporté l'usage du bronze des rives de l'Atlantique.

comme un monument, répandant de l'huile dessus [1]. »
« Alors Jacob prit une pierre et dressa un monument [2]. » « Et Jacob dressa un monument de pierre
et y répandit de l'huile [3]. » Chez les Phéniciens, Baal
était aussi représenté par une pierre longue et dres-
sée [4]; il en était de même du dieu des Chaldéens, et
en Palestine, des colonnes de pierre, analogues aux
Priapes de la Grèce, se trouvaient partout dans les
champs. Lors de sa réforme, Josias détruisit beaucoup de ces emblèmes de l'éternelle fécondité [5]; Hérodote, visitant cette contrée vers l'an 536, en trouva
cependant encore un certain nombre [6], qui furent
renversés par Esdras.

Salomon conserva les symboles usités par les pa-
triarches; son temple bâti par Hiran, architecte phé-
nicien, fut construit sur le modèle du grand temple
de Tyr; et l'on ne peut admettre que deux peuples
se soient empruntés leurs sanctuaires, si le culte de
l'un n'avait pas eu les plus grandes analogies avec
celui de l'autre. A l'entrée du temple de Tyr se
voyaient deux phallus de trente toises de haut, et
Hiran dressa devant le temple de Jérusalem deux
phallus analogues, chacun portant un chapiteau en
forme de pomme de grenadier, long de cinq aunes,
c'est-à-dire du quart de la hauteur totale, ce qui est
en rapport avec l'anatomie du corps humain [7]; ces

1. Genèse, 28, 18.
2. Genèse, 31, 45.
3. Genèse, 35, 14.
4. Eusèbe, *Præp.*, 1, 10.
5. IV Rois, 23, 14.
6. Hérodote, 11, 102 et 106.
7. III Rois, 7, 15. — II Chroniques, 3, 17.

chapiteaux significatifs étaient en outre couverts de fleurs de lys, emblèmes du ctéis.

Ces colonnes qui, d'après Hérodote, représentaient des lingams[1], restèrent intactes jusqu'à la fin du royaume judéen. Josias n'y toucha pas; elles ne furent renversées que par Naburardan[2]; et ce qui prouve les rapports qui existaient entre les croyances hébraïques et le dogme ancien, c'est que, dans Jérémie, Jéhovah, le dieu si exclusif, parle de ces colonnes sans le moindre courroux[3]. Un des emblèmes phalliques les plus usités, le fruit du grenadier, était d'ailleurs semé à profusion sur la robe du grand prêtre; on y attachait encore d'autres signes ayant la même signification[4].

Je trouve une autre preuve de l'influence du scythisme sur les conceptions religieuses des anciens Sémites dans la manière dont les victimes étaient immolées chez les Hébreux le jour du pessâ'h. Justin le Martyr dit que les juifs mettaient deux broches en bois dans le corps de l'agneau : l'une étendant en largeur les pattes de devant, et l'autre traversant tout le corps[5]. Ce point est important, car nous ne devons pas oublier que, depuis l'ère chrétienne, quelques juifs, descendant de ceux qui n'avaient pas accepté la réforme d'Esdras, ont été accusés de crucifier des enfants pour célébrer leur pessâ'h; et ce rite barbare ne peut résulter que de la persistance d'anciens

---

1. Hérodote, 11, 44.
2. IV Rois, 25, 13.
3. Jérémie, 27, 19.
4. Exode, 28, 33.
5. Justin, *Dialogue avec Tryph.*, p. 218.

usages. Or, l'espèce de crucifixion avec deux broches, dont parle Justin, convient beaucoup mieux au
corps humain qu'à celui d'un animal. On peut donc
présumer qu'originairement les Hébreux attachaient
sur une croix les enfants voués au rachat de la nation,
et qu'après la réforme ils continuèrent à placer leur
holocauste sur ce vieil emblème de la divinité [1].

Je dois répéter ici que la croix était chez les anciens Sémites la représentation de la dualité féconde [2].
Un bois long et perpendiculaire, un autre plus court,
horizontal et traversé par le premier, constituaient
le symbole. C'était un lingam grossier; et l'on ne
peut nier le caractère de cet emblème qui passait
aux yeux des Égyptiens pour représenter la vie perpétuelle [3]. Les images de Moloch, les bras étendus,
le rappelaient [4].

Nous trouvons également dans la Bible le souvenir
du culte d'Achéra, le second principe de la dualité
primitive, avec ses cérémonies orgiaques. Cette
déesse était figurée par un tronc d'arbre ou une
colonne de bois, symbole que l'on plaçait dans les
champs, près des pierres debout dont je viens de
parler. Son idole fut en si grande vénération dans le
royaume d'Israël que Jéhu ne la renversa pas, bien

1. J'ajouterai que ' mot chaldéen, qui signifie crucifier, a
le sens, en langue arabe, de rôtir ou brûler de la chair (Castel,
Lex heptaglott, 3, 176).

2. C'est par un souvenir inconscient des anciennes croyances
que nous voyons les catholiques adorer l'instrument du supplice de Jésus.

3. Rufin, Hist. ecclés., 2, 29.

4. Dans la Numidie, on a trouvé, en 1833, une pierre votive
sur laquelle Baal est debout, les bras étendus. C'était un dieu
en forme de croix, ou une croix en forme de dieu.

qu'il fît massacrer tous les prêtres qui n'étaient pas de sa propre secte[1]. Manassé éleva même une de ces idoles dans le temple de Jérusalem[2]; et la facilité avec laquelle les Hébreux adorèrent l'Astarté phénicienne vient de l'analogie de celle-ci avec Achéra. Les Hébreux réfugiés en Égypte, pendant la captivité, répondirent aux reproches de Jérémie : « Nous exécutons les vœux que nous avons prononcés en sacrifiant à la reine du ciel, et en lui offrant des oblations, comme nous avons toujours fait, nous et nos pères, nos rois et nos princes, dans les villes de Juda et dans les rues de Jérusalem[3]. »

La fête des Bosquets, si chère aux enfants de Jacob, appartenait au culte de la dualité féconde, et Plutarque reconnaît son identité avec celle de Dionyse[4]; l'époque et la manière de les célébrer étaient les mêmes. En Palestine, en Phénicie et en Grèce, les fêtes duraient sept jours, et étaient accompagnées de libations d'eau sur les autels[5]. Principal emblème d'Achéra, l'eau joua toujours un rôle considérable dans les cérémonies consacrées à la glorification du second principe. Elle était considérée comme un élément primordial, et possédait, selon les adeptes, la même vertu de purification que le feu, emblème du principe mâle. Nous retrouvons cette croyance jusque dans les récits évangéliques et talmudistes[6].

Les huttes faites de branchages, les bouquets, les

1. II Rois, 10, 20.
2. II Rois, 21, 7.
3. Jérémie, 44, 17.
4. Plutarque, Sympos., 4, 5.
5. I Rois, 7, 6.
6. Winer, 2, 8. — Gfrœrer, 2, 250.

chants et les danses concouraient à populariser ces
fêtes. On lit dans la Bible : « Pendant huit jours,
ils célébraient la fête des Bosquets, en portant des
bâtons de lierre et de beaux rameaux, ainsi que des
branches de palmier [1]. » C'était une tyrsophosie; les
Grecs y chantaient : Olalu ou Elelou, analogue au
Hallalou Jah des Hébreux, qui signifiait : Louer Jah
ou Jahveh. Les emblèmes de la fécondité étaient portés
solennellement, surtout le fruit du grenadier; et le
docteur Lundius explique ces ressemblances en
disant : « Le démon a évidemment contrefait chez
les Grecs la fête des Tabernacles [2]. »

Les premiers Hébreux durent associer ce culte
aux rites molochistes qui furent pratiqués si longtemps en Syrie, notamment à la défloration des
jeunes filles [3]. Les prophètes fulminaient contre ces
sacrifices qui s'accomplissaient dans les bois sacrés
et sous l'ombre des térébinthes [4], et les réformateurs
insérèrent dans le Lévitique : « Ne profane pas ta
fille pour la faire prostituer; le pays ne doit pas
se remplir de prostitution [5]. » Cette recommandation
dénote quelles étaient les coutumes anciennes. Je
rappellerai encore ce passage du Deutéronome :
« Tu ne dois pas apporter dans la maison de ton
Dieu Jéhovah le salaire d'une prostituée [6]. » Ce qui
fait supposer qu'à une époque les filles israélites versaient, comme les jeunes assyriennes, l'argent gagné

---

1. II Machabées, 10, 6.
2. Lundius, Sanct. jud., ch. 25, 26.
3. Spencer, lib. 3, ch. 35. — Ounkl.
4. Osée, 4, 13. — Ezéchiel, 6, 13.
5. Lévitique, 19, 29.
6. Deutéronome, 23, 17.

par une prostitution sacrée entre les mains des prêtres.

Par politique, et pour ne pas blesser les traditions,
Esdras garda, dans le culte réformé, la fête des Bosquets, mais après en avoir supprimé les rites pratiqués par les ancêtres; et Néhémie reconnaît que, de
son temps, la manière de la célébrer était nouvelle [1].

TREIZIÈME NOTE

Le sentiment du beau.

Ce que nous appelons le sentiment du beau est une
attraction produite par les objets les plus divers, et
dépendant de l'organisation cérébrale de chaque
famille humaine. Les peuples de race pure ont tous
des types artistiques persistants, tandis que les
peuples mélangés conçoivent des types variables
selon les éléments et les proportions de ce mélange.

Chez les Grecs, issus du croisement des Hellènes
et des Pélasges, les statues ont des pieds plats, la
tête petite, et le front étroit, les muscles sont toujours très accusés, ce qui distingue leurs œuvres de
celles des Romains. Ils croyaient réaliser ainsi la
plus haute formule de la beauté humaine; nous les
admirons parce que les Ibériens et les Pélasges
avaient la même origine, ainsi que les Celtes et les
Hellènes; mais l'idéal grec est-il bien encore le nôtre?

Notre race a été diversement modifiée par ses
mélanges, et par les milieux où elle s'est développée.
Sous ces influences, notre sentiment du beau a varié

1. Néhémie, 8, 17.

graduellement; et c'est dans le cours de cette lente transformation que l'on voit apparaître des styles artistiques spéciaux à une époque déterminée. L'Italie du xv⁰ siècle en offre un exemple très complet. Cette explosion artistique caractérisait un état cérébral qui disparut bientôt; un autre peut se produire engendrant un idéal nouveau.

QUATORZIÈME NOTE

La suggestion.

Les phénomènes psychiques résultent d'une vibration particulière de certaines régions cérébrales, vibration qui se communique à l'éther environnant et va se perdre dans ''espace, à moins qu'elle ne rencontre un sujet susceptible d'en être influencé. Tout le monde connaît l'action à distance d'une forte volonté. Le cerveau d'un hypnotisé est plus disposé qu'aucun autre à recevoir cette impression, puisque sa propre activité est comme suspendue, et qu'aucune pensée personnelle ne résulte de son fonctionnement.

La suggestion n'a pas d'autre cause. Une pensée énergique communique sa vibration qui peut se prolonger pendant un certain temps après le réveil de l'hypnotisé, et demeurer latente, jusqu'au moment où celui-ci agit sous cette influence, sans avoir conscience de ses actes. La conclusion à tirer de ces faits est que la pensée est un mouvement.

TABLE DES MATIÈRES

Coulomm .s. — Imp. PAUL BRODARD. — 42-96.

Février 1895.

ANCIENNE LIBRAIRIE GERMER BAILLIÈRE ET Cⁱᵉ

FÉLIX ALCAN, ÉDITEUR

108, Boulevard Saint-Germain, 108, Paris

EXTRAIT DU CATALOGUE

SCIENCES — MÉDECINE — HISTOIRE — PHILOSOPHIE

I. — BIBLIOTHÈQUE SCIENTIFIQUE INTERNATIONALE

Volumes in-8 en élégant cartonnage anglais. — Prix : 6 fr.

82 VOLUMES PARUS

1. J. TYNDALL. Les glaciers et les transformations de l'eau, 6ᵉ éd., illustré.
2. W. BAGEHOT. Lois scientifiques du développement des nations, 5ᵉ édition.
3. J. MAREY. La machine animale, locomotion terrestre et aérienne, 5ᵉ édition, illustré.
4. A. BAIN. L'esprit et le corps considérés au point de vue de leurs relations, 5ᵉ édition.
5. PETTIGREW. La locomotion chez les animaux, 2ᵉ éd., ill.
6. HERBERT SPENCER. Introd. à la science sociale, 11ᵉ édit.
7. OSCAR SCHMIDT. Descendance et darwinisme, 6ᵉ édition.
8. H. MAUDSLEY. Le crime et la folie, 6ᵉ édition.
9. VAN BENEDEN. Les commensaux et les parasites dans le règne animal, 3ᵉ édition, illustré.
10. BALFOUR STEWART. La conservation de l'énergie, 5ᵉ édition, illustré.
11. DRAPER. Les conflits de la science et de la religion, 9ᵉ éd.
12. Léon DUMONT. Théorie scientifique de la sensibilité, 4ᵉ éd.
13. SCHUTZENBERGER. Les fermentations, 5ᵉ édition, illustré.
14. WHITNEY. La vie du langage, 3ᵉ édition.
15. COOKE et BERKELEY. Les champignons, 4ᵉ éd., illustré.
16. BERNSTEIN. Les sens, 4ᵉ édition, illustré.
17. BERTHELOT. La synthèse chimique, 6ᵉ édition.
18. VOGEL. La photographie et la chimie de la lumière (épuisé).
19. LUYS. Le cerveau et ses fonctions, 7ᵉ édition, illustré.
20. W. STANLEY JEVONS. La monnaie et le mécanisme de l'échange, 5ᵉ édition.
21. FUCHS. Les volcans et les tremblements de terre, 5ᵉ éd.
22. GÉNÉRAL BRIALMONT. La défense des États et les camps retranchés, 3ᵉ édition, avec fig. (épuisé).
23. A. DE QUATREFAGES. L'espèce humaine, 11ᵉ édition.
24. BLASERNA et HELMHOLTZ. Le son et la musique, 4ᵉ éd.
25. ROSENTHAL. Les muscles et les nerfs, 3ᵉ édition (épuisé).
26. BRÜCKE et HELMHOLTZ. Principes scientifiques des beaux-arts, 3ᵉ édition, illustré.
27. WURTZ. La théorie atomique, 7ᵉ édition.

28-29. SECCHI (Le Père). Les étoiles, 2e édition, illustré.
30. N. JOLY. L'homme avant les métaux, 4e édit., illustré.
31. A. BAIN. La science de l'éducation, 7e édition.
32-33. THURSTON et HIRSCH. Hist. de la machine à vapeur. 3e éd.
34. R. HARTMANN. Les peuples de l'Afrique, 2e édit., illustré.
35. HERBERT SPENCER. Les bases de la morale évolution-
  niste, 5e édition.
36. Th.-H. HUXLEY. L'écrevisse, introduction à l'étude de la
  zoologie. Illustré.
37. DE ROBERTY. La sociologie, 3e édition.
38. O.-N. ROOD. Théorie scientifique des couleurs et leurs
  applications à l'art et à l'industrie, avec fig. et pl. hors texte.
39. DE SAPORTA et MARION. L'évolution du règne végétal.
  Les cryptogames, illustré.
40-41. CHARLTON-BASTIAN. Le système nerveux et la pensée. 2e édition. 2 vol. illustrés.
42. JAMES SULLY. Les illusions des sens et de l'esprit, 2e éd., ill.
43. A. DE CANDOLLE. Origine des plantes cultivées, 3e édit.
44. YOUNG. Le Soleil, illustré.
45-46. J. LUBBOCK. Les Fourmis, les Abeilles et les Guêpes.
  2 vol. illustrés.
47. Ed. PERRIER. La philos. zoologique avant Darwin, 2e éd.
48. STALLO. La matière et la physique moderne, 2e éd.
49. MANTEGAZZA. La physionomie et l'expression des sentiments, 2e édit., illustré.
50. DE MEYER. Les organes de la parole, illustré.
51. DE LANESSAN. Introduction à la botanique. Le sapin.
  2e édit., illustré.
52-53. DE SAPORTA et MARION. L'évolution du règne
  végétal. Les phanérogames. 2 volumes illustrés.
54. TROUESSART. Les microbes, les ferments et les moisis-
  sures, 2e éd., illustré.
55. HARTMANN. Les singes anthropoïdes, illustré.
56. SCHMIDT. Les mammifères dans leurs rapports avec leurs
  ancêtres géologiques, illustré.
57. BINET et FÉRÉ. Le magnétisme animal, 4e éd., illustré.
58-59. ROMANES. L'intelligence des animaux. 2 vol., 2e éd.
60. F. LAGRANGE. Physiologie des exercices du corps. 6e éd.
61. DREYFUS. L'évolution des mondes et des sociétés. 3e éd.
62. DAUBRÉE. Les régions invisibles du globe et des espaces
  célestes, illustré, 2e édition.
63-64. SIR JOHN LUBBOCK. L'homme préhistorique. 3e édition, 2 volumes illustrés.
65. RICHET (Ch.). La chaleur animale, illustré.
66. FALSAN. La période glaciaire, illustré.
67. BEAUNIS. Les sensations internes.
68. CARTAILHAC. La France préhistorique, illustré. 2e éd.
69. BERTHELOT. La révolution chimique, Lavoisier. Illustré.
70. SIR JOHN LUBBOCK. Les sens et l'instinct chez les animaux, illustré.
71. STARCKE. La famille primitive.

72. ARLOING. **Les virus**, illustré.
73. TOPINARD. **L'homme dans la nature**, illustré.
74. BINET. **Les altérations de la personnalité.**
75. A. DE QUATREFAGES. **Darwin et ses précurseurs français.** 2e éd.
76. LEFÈVRE. **Les races et les langues.**
77-78. A. DE QUATREFAGES. **Les émules de Darwin.** 2 vol.
79. BRUNACHE. **Le centre de l'Afrique, autour du Tchad,** illustré.
80. ANGOT. **Les aurores polaires,** illustré.
81. JACCARD. **Le pétrole, l'asphalte et le bitume,** illustré.
82. STANISLAS MEUNIER. **La géologie comparée,** illustré.

MÉDECINE ET SCIENCES

A. — Pathologie et thérapeutique médicales.

AVIRAGNET. **De la tuberculose chez les enfants.** 1 vol. in-8, 1892.   4 fr.
AXENFELD ET HUCHARD. **Traité des névroses.** 2e édition, par HENRI HUCHARD. 1 fort vol. gr. in-8.   20 fr.
BARTELS. **Les maladies des reins,** avec notes de M. le prof. LÉPINE. 1 vol. in-8, avec fig.   7 fr. 50
BOUCHARDAT. **De la glycosurie ou diabète sucré,** son traitement hygiénique, 2e édition. 1 vol. grand in-8, suivi de notes et documents sur la nature et le traitement de la goutte, la gravelle urique, sur l'oligurie, le diabète insipide avec excès d'urée, l'hippurie, la pimélorrhée, etc.   15 fr.
BOUCHUT ET DESPRÉS. **Dictionnaire de médecine et de thérapeutique médicales et chirurgicales,** comprenant le résumé de la médecine et de la chirurgie, les indications thérapeutiques de chaque maladie, la médecine opératoire, les accouchements, l'oculistique, l'odontotechnie, les maladies d'oreilles, l'électrisation, la matière médicale, les eaux minérales, et un formulaire spécial pour chaque maladie. 6e édition, 1895, très augmentée. 1 vol. in-4, avec 950 fig. dans le texte et 3 cartes. Br. 25 fr. ; relié.   30 fr.
CHARCOT. **Clinique des maladies du système nerveux.** 2 vol. in-8, chacun séparément.   12 fr.
CORNIL ET BABES. **Les bactéries et leur rôle dans l'anatomie et l'histologie pathologiques des maladies infectieuses.** 2 vol. in-8, avec 350 fig. dans le texte en noir et en couleurs et 12 pl. hors texte, 3e éd. entièrement refondue, 1890. 40 fr.
DAMASCHINO. **Leçons sur les maladies des voies digestives.** 1 vol. in-8, 3e tirage, 1888.   14 fr.
DAVID. **Les microbes de la bouche.** 1 vol. in-8 avec gravures en noir et en couleurs dans le texte.   10 fr.
DÉJERINE-KLUMPKE (Mme). **Des polynévrites et des paralysies et atrophies saturnines.** 1 vol. in-8. 1889. 6 fr.
DESPRES. **Traité théorique et pratique de la syphilis,** ou infection purulente syphilitique. 1 vol. in-8.   7 fr.

DUCKWORTH (Sir Dyce). **La goutte**, son traitement. Trad. de l'anglais par le D' RODET. 1 vol. gr. in-8 avec gr. dans le texte. 10 fr.

DURAND-FARDEL. **Traité des eaux minérales** de la France et de l'étranger, et de leur emploi dans les maladies chroniques, 3ᵉ édition. 1 vol. in-8. 10 fr.

DURAND-FARDEL, **Traité pratique des maladies des vieillards**, 2° édition. 1 fort vol. gr. in-8. 5 fr.

FÉRÉ (Ch.). **Les épilepsies et les épileptiques**. 1 vol. gr. in-8 avec 12 planches hors texte et 67 grav. dans le texte. 1890. 20 fr.

FÉRÉ (Ch.). **Le traitement des aliénés dans les familles**. 1 vol. in-18. 2° éd.; cart. à l'anglaise. 3 fr.

FÉRÉ (Ch.). **La famille névropathique**. 1 vol. in-12, cartonné à l'anglaise, avec gravures. 1894. 4 fr.

FÉRÉ (Ch.). **La pathologie des émotions**. 1 vol. in-8. 1893. 12 fr.

FINGER (E.). **La blennorrhagie et ses complications**. 1 vol. gr. in-8 avec 36 grav. et 7 pl. hors texte. Traduit de l'allemand par le docteur HOGGE, 1894. 12 fr.

FINGER (E.). **La syphilis et les maladies vénériennes**, trad. de l'all. avec notes par les Dʳˢ SPILLMANN et DOYON. 1 vol. in-8, avec 5 planches hors texte. 1895. 12 fr.

HERARD, CORNIL ET HANOT. **De la phtisie pulmonaire**. 1 vol. in-8, avec fig. dans le texte et pl. coloriées. 2° éd. 20 fr.

ICARD (S.). **La femme pendant la période menstruelle**. Étude de psychologie morbide et de médecine légale. In-8. 6 fr.

KUNZE. **Manuel de médecine pratique**. In-18. 1 fr. 50

LANCEREAUX. **Traité historique et pratique de la syphilis**. 2° édit. 1 vol. gr. in-8, avec fig. et planches color. 17 fr.

MARVAUD (A.). **Les maladies du soldat**, étude étiologique, épidémiologique et prophylactique. 1 vol. grand in-8. 1894. 20 fr.
Ouvrage couronné par l'Académie des sciences.

MAUDSLEY. **La pathologie de l'esprit**. 1 vol. in-8. 10 fr.

MURCHISON. **De la fièvre typhoïde**. In-8, avec figures dans le texte et planches hors texte. 3 fr.

NIEMEYER. **Éléments de pathologie interne et de thérapeutique**, traduit de l'allemand, annoté par M. CORNIL. 3° édit. franç., augmentée de notes nouvelles. 2 vol. in-8. 4 fr. 50

NOIR (J.). **Étude sur les tics**, chez les dégénérés, les imbéciles et les idiots. 1 vol. in-8. 1893. 4 fr.

ONIMUS ET LEGROS. **Traité d'électricité médicale**. 1 fort vol. in-8, avec 275 figures dans le texte. 2° édition. 17 fr.

RILLIET ET BARTHEZ. **Traité clinique et pratique des maladies des enfants**. 3° édit., refondue et augmentée, par BARTHEZ et A. SANNÉ. Tome I, 1 fort vol. gr. in-8. 16 fr.
    Tome II, 1 fort vol. gr. in-8. 14 fr.
    Tome III terminant l'ouvrage, 1 fort vol. gr. in-8. 25 fr.

SIMON (Paul). **Conférences cliniques sur la tuberculose des enfants**. 1 vol. in-8. 1893. 3 fr.

SIMON (Paul). **Manuel de percussion et d'auscultation.**
1 vol. in-12, avec fig., cart. à l'anglaise. 1895. 4 fr.

SPRINGER. **La croissance.** Son rôle dans la pathologie infantile.
1 vol. in-8. 6 fr.

TAYLOR. **Traité de médecine légale,** traduit sur la 7e édition
anglaise, par le Dr HENRI COUTAGNE. 1 vol. gr. in-8. 4 fr. 50

VOISIN (J.). **L'idiotie.** Hérédité et dégénérescence mentale, psychologie et éducation de l'idiot. 1 vol. in-12 avec gravures, cartonné
à l'anglaise. 1893. 4 fr.

B. — Pathologie et thérapeutique chirurgicales.

ANGER (Benjamin). **Traité iconographique des fractures
et luxations.** 1 fort volume in-4, avec 100 planches coloriées,
et 127 gravures dans le texte. 2e tirage. Relié. 150 fr.

BILLROTH ET WINIWARTER. **Traité de pathologie et de
clinique chirurgicales générales,** 2e édit. d'après la
10e édit. allemande. 1 fort vol. gr. in-8, avec 180 fig. 20 fr.

CHIPAULT (A.). **Études de chirurgie médullaire,** historique,
médecine opératoire, traitement. In-8, avec 66 grav. et 2 planches
hors texte. 15 fr.

Congrès français de chirurgie. Mémoires et discussions, pu-
bliés par MM. Pozzi, secrétaire général, et Picqué, secrétaire général
adjoint.
1re, 2e et 3e sessions : 1885, 1886, 1888, 3 forts vol. gr. in-8,
avec fig., chacun, 14 fr. — 4e session : 1889, 1 fort vol. gr. in-8,
avec fig., 16 fr. — 5e session : 1891, 1 fort vol. gr. in-8, avec
fig., 14 fr. — 6e session : 1892, 1 fort vol. gr. in-8, avec fig. 16 fr.
— 7e session : 1893, 1 fort vol. gr. in-8. 18 fr.

DE ARLT. **Des blessures de l'œil,** considérées au point de
vue pratique et médico-légale. 1 vol. in-18. 1 fr. 25

DELORME. **Traité de chirurgie de guerre.** 2 vol. gr. in-8,
Tome I, avec 95 grav. dans le texte et 1 pl. hors texte. 16 fr.
Tome II, terminant l'ouvrage, avec 400 grav. dans le texte 26 fr.
Ouvrage couronné par l'Académie des sciences.

FRITSCH. **Traité clinique des opérations obstétricales,**
traduit de l'allemand par le docteur STAS. 1 vol. gr. in-8, avec
90 gravures en noir et en couleurs. 10 fr.

JAMAIN ET TERRIER. **Manuel de pathologie et de clinique
chirurgicales.** 3e édition. Tome I, 1 fort vol. in-18. 8 fr. —
Tome II, 1 vol. in-18. 8 fr. — Tome III, avec la collaboration
de MM. BROCA et HARTMANN, 1 vol. in-18. 8 fr. — Tome IV,
avec la collaboration de MM. BROCA et HARTMANN, 1 vol. in-18. 8 fr.

LIEBREICH. **Atlas d'ophtalmoscopie,** représentant l'état normal et les modifications pathologiques du fond de l'œil vues à l'oph-
talmoscope. 3e édition, atlas in-f° de 12 planches. 40 fr.

MAC CORMAC. **Manuel de chirurgie antiseptique,** traduit
de l'anglais par M. le docteur LUTAUD. 1 fort vol. in-8. 2 fr.

MALGAIGNE ET **LE FORT. Manuel de médecine opératoire.** 9e édit. 2 vol. gr. in-18, avec nombreuses fig. dans le texte. 16 fr.

NÉLATON. Éléments de pathologie chirurgicale, par A. NÉLATON, membre de l'institut, professeur de clinique à la Faculté de médecine, etc. Ouvrage complet en 6 volumes.

Seconde édition, complètement remaniée, revue par les Drs JAMAIN, PÉAN, DESPRÉS, GILLETTE et HORTELOUP, chirurgiens des hôpitaux. 6 forts vol. gr. in-8, avec 795 figures dans le texte. 32 fr.

NIMIER ET **DESPAGNET. Traité élémentaire d'ophtalmologie.** 1 fort vol. gr. in-8, avec 432 gr. Cart. à l'angl. 1894. 20 fr.

PAGET (sir James). **Leçons de clinique chirurgicale**, trad. par L.-H. PETIT, et introd. du prof. VERNEUIL. 1 vol. gr. in-8. 8 fr.

PÉAN. Leçons de clinique chirurgicale, professées à l'hôpital Saint-Louis, de 1876 à 1880. Tomes II à IV, 3 vol. in-8, avec fig. et pl. coloriées. Chaque vol. séparément. 20 fr. Tomes V, VI, VII et VIII, années 1881-82, 1883-84, 1885-86, 1887-88, 4 vol. in-8. Chacun. 25 fr. Le tome Ier est épuisé.

REBLAUB. Des cystites non tuberculeuses chez la femme. 1892. 1 vol. in-8. 4 fr.

RICHARD. Pratique journalière de la chirurgie. 1 vol. gr. in-8, avec 215 fig. dans le texte. 2e édit. 5 fr.

ROTTENSTEIN. Traité d'anesthésie chirurgicale, contenant la description et les applications de la méthode anesthésique de PAUL BERT. 1 vol. in-8, avec figures. 10 fr.

SOELBERG-WELLS. Traité pratique des maladies des yeux. 1 fort vol. gr. in-8, avec figures. 4 fr. 50

TERRIER. Éléments de pathologie chirurgicale générale. 1er fascicule : *Lésions traumatiques et leurs complications.* 1 vol. in-8. 7 fr. 2e fascicule : *Complications des lésions traumatiques. Lésions inflammatoires.* 1 vol. in-8. 6 fr.

TERRIER ET **BAUDOUIN. De l'hydronéphrose intermittente,** 1892. 1 vol. in-8. 5 fr.

TERRIER ET **PÉRAIRE. Manuel de petite chirurgie de Jamain,** 7e éd. refondue, 1893. 1 vol. in-18, avec gr. Cart. à l'angl. 8 fr.

TERRIER ET **PÉRAIRE. Petit manuel d'antisepsie et d'asepsie chirurgicales,** 1 vol. in-18, avec grav. Cart. à l'angl. 3 fr.

TERRIER ET **PÉRAIRE. Petit manuel d'anesthésie chirurgicale.** 1 vol. in-18 avec grav., cart. à l'angl. 3 fr.

TRUC. Du traitement chirurgical de la péritonite. 1 vol. in-8. 4 fr.

VIRCHOW. Pathologie des tumeurs, cours professé à l'université de Berlin, traduit de l'allemand par le docteur ARONSSOHN. — Tome I, 1 vol. gr. in-8, avec 106 fig. 3 fr. 75. — Tome II, 1 vol. gr. in-8, avec 74 fig. 3 fr. 75. — Tome III, 1 vol. gr. in-8, avec 49 fig. 3 fr. 75. — Tome IV (1er fascicule), 1 vol. gr. in-8, avec figures. 1 fr. 50

YVERT. **Traité pratique et clinique des blessures du globe de l'œil.** 1 vol. gr. in-8. 12 fr.

C. — Thérapeutique. Pharmacie. Hygiène.

BOUCHARDAT. **Nouveau formulaire magistral,** précédé d'une Notice sur les hôpitaux de Paris, de généralités sur l'art de formuler, suivi d'un Précis sur les eaux minérales naturelles et artificielles, d'un Mémorial thérapeutique, de notions sur l'emploi des contrepoisons et sur les secours à donner aux empoisonnés et aux asphyxiés. 1894, 30° édition, revue et corrigée. 1 vol. in-18, broché, 3 fr. 50; cartonné, 4 fr.; relié. 4 fr. 50

BOUCHARDAT ET DESOUBRY. **Formulaire vétérinaire,** contenant le mode d'action, l'emploi et les doses des médicaments. 5e édit. 1 vol. in-18, br. 3 fr. 50, cart. 4 fr., relié. 4 fr. 50

BOUCHARDAT. **De la glycosurie ou diabète sucré,** son traitement hygiénique. 2e édition. 1 vol. grand in-8, suivi de notes et documents sur la nature et le traitement de la goutte, la gravelle urique, sur l'oligurie, le diabète insipide avec excès d'urée, l'hippurie, la pimélorrhée, etc. 15 fr.

BOUCHARDAT. **Traité d'hygiène publique et privée,** basée sur l'étiologie. 1 fort vol. gr. in-8. 3e édition, 1887. 18 fr.

DURAND-FARDEL. **Les eaux minérales et les maladies chroniques.** 1 vol. in-18. 2e édition; cart. 4 fr.

ICARD (S.). **L'alimentation des nouveau-nés.** Hygiène de l'allaitement artificiel. 1 vol. in-12, avec grav. Cartonné à l'anglaise. 4 fr. *Ouvrage couronné par l'Académie de médecine et par la Société protectrice de l'enfance de Paris.*

LAGRANGE (F.). **La médication par l'exercice.** 1 vol. grand in-8, avec 68 grav. et une carte. 1894. 12 fr.

LAUMONIER (J.). **Hygiène de l'alimentation dans l'état de santé et de maladie.** 1 vol. in-12, avec grav., cartonné à l'anglaise. 1894. 4 fr.

LEVILLÉAIN. **Hygiène des gens nerveux.** 1 vol. in-18. 2e édition, br. 3 fr. 50; en cart. anglais. 4 fr.

MACARIO (M.). **Manuel d'hydrothérapie suivi d'une instruction sur les bains de mer.** 1 vol. in-18, 4e édition, 1889, 2 fr. 50; cart. 3 fr.

RIBBING (S.). **L'hygiène sexuelle et ses conséquences morales.** 1 vol. in-12, cartonné à l'anglaise. 1895. 4 fr.

WEBER. **Climatothérapie,** traduit de l'allemand par les docteurs DOYON et SPILLMANN. 1 vol. in-8, 1886. 6 fr.

D. — Anatomie. Physiologie. Histologie.

ALAVOINE. **Tableaux du système nerveux.** Deux grands tableaux avec figures. 1 fr. 50

BAIN (Al.). **Les sens et l'intelligence,** traduit de l'anglais par M. Cazelles. 1 vol. in-8. 10 fr.

BASTIAN (Charlton): **Le cerveau, organe de la pensée,** chez l'homme et chez les animaux. 2 vol. in-8, avec 184 figures dans le texte. 12 fr.

BELZUNG. **Anatomie et physiologie animales.** 1 fort vol. in-8 avec 522 gravures dans le texte. 5ᵉ éd., revue. 6 fr., cart. 7 fr.

BÉRAUD (B.-J.). **Atlas complet d'anatomie chirurgicale topographique,** pouvant servir de complément à tous les ouvrages d'anatomie chirurgicale, composé de 109 planches représentant plus de 200 figures gravées sur acier, avec texte explicatif. 1 fort vol. in-4.
Prix : fig. noires, relié, 60 fr. — Fig. coloriées, relié, 120 fr.

BERNARD (Claude). **Leçons sur les propriétés des tissus vivants,** avec 94 fig. dans le texte. 1 vol. in-8. 2 fr. 50

BERNSTEIN. **Les sens.** 1 vol. in-8, avec fig. 3ᵒ édit., cart. 6 fr.

BURDON-SANDERSON, FOSTER et BRUNTON. **Manuel du laboratoire de physiologie,** traduit de l'anglais par M. MOQUIN-TANDON. 1 vol. in-8, avec 184 fig. dans le texte, 1883. 7 fr.

CORNIL, RANVIER, BRAULT et LETULLE. **Manuel d'histologie pathologique.** 3ᵉ édition. 3 vol. in-8, avec nombreuses figures dans le texte. (*Sous presse.*)

DEBIERRE. **La moelle épinière et l'encéphale,** avec applic. physiol. et médico-chirurg. 1 vol. in-8, avec 242 fig., en noir et en couleurs. 1893. 12 fr.

DEBIERRE. **Traité élémentaire d'anatomie de l'homme.** Anatomie descriptive et dissection, avec notions d'organogénie et d'embryologie générales. Ouvrage complet en 2 volumes. 40 fr.
Tome I, *Manuel de l'amphithéâtre,* 1 vol. in-8 de 950 pages avec 450 figures en noir et en couleurs dans le texte. 1890. 20 fr.
Tome II et dernier : 1 vol. in-8 avec 515 figures en noir et en couleurs dans le texte. 20 fr.
Ouvrage couronné par l'Académie des sciences.

DEBIERRE et DOUMER. **Vues stéréoscopiques des centres nerveux.** 48 planches photographiques avec un album. 20 fr.

DEBIERRE et DOUMER. **Album des centres nerveux.** 1 fr. 50

FAU. **Anatomie des formes du corps humain,** à l'usage des peintres et des sculpteurs. 1 atlas in-folio de 25 planches.
Prix : fig. noires, 15 fr. — Fig. coloriées. 30 fr.

FERRIER. **Les fonctions du cerveau.** 1 v. in-8. avec 68 fig. 3 fr.

F. LAGRANGE. **Physiologie des exercices du corps.** Couronné par l'Institut. 6ᵉ édit. 1 vol. in-8, cart. 6 fr.

F. LAGRANGE. **L'hygiène de l'exercice chez les enfants et les jeunes gens.** 1 vol. in-18, 5ᵒ éd. 3 fr. 50 ; cart. 4 fr.

F. LAGRANGE. **De l'exercice chez les adultes.** 1 vol. in-18, 2ᵉ édition, 3 fr. 50 ; cartonnage anglais. 4 fr.

LABORDE. **Les tractions rythmées de la langue,** traitement physiologique de la mort. 1 vol. in-12. 1894. 3 fr. 50

LEYDIG. **Traité d'histologie comparée de l'homme et des animaux.** 1 fort vol. in-8, avec 200 figures. 4 fr. 50

LONGET. **Traité de physiologie.** 3ᵉ éditon, 3 vol. gr. in-8, avec figures. 12 fr.

MAREY. **Du mouvement dans les fonctions de la vie.**
1 vol. in-8, avec 200 figures dans le texte. 3 fr.

POZZI (A.). **Eléments d'anatomie et de physiologie géni-
tale et obstétricale,** avec 219 grav. dans le texte. Cartonné
à l'anglaise. 1894. 4 fr.

PREYER. **Eléments de physiologie générale.** Traduit de
l'allemand par M. J. Soury. 1 vol. in-8. 5 fr.

PREYER. **Physiologie spéciale de l'embryon.** 1 vol. in-8,
avec figures et 9 planches hors texte. 7 fr. 50.

VIALET. **Les centres cérébraux de la vision et l'appa-
reil visuel intra-cérébral.** 1 vol. gr. in-8, avec 90 gravures. 1893. 15 fr.

E. — Physique. Chimie. Histoire naturelle.

AGASSIZ. **De l'espèce et des classifications en zoologie.**
1 vol. in-8, cart. 5 fr.

BERTHELOT. **La synthèse chimique.** 1 vol. in-8 ; 6e édit.,
cart. 6 fr.

BERTHELOT. **La révolution chimique, Lavoisier.** 1 vol.
in-8, cart. 6 fr.

COOKE et BERKELEY. **Les champignons,** avec 110 figures
dans le texte. 1 vol. in-8. 4e édition, cart. 6 fr.

DAUBRÉE. **Les régions invisibles du globe et des espaces célestes.** 1 vol. in-8 avec gravures. 2e édit. Cart. 6 fr.

GRÉHANT. **Manuel de physique médicale.** 1 vol. in-18,
avec 469 figures dans le texte. 7 fr.

GRIMAUX. **Chimie organique élémentaire.** 7e édit. 1 vol.
in-18, avec figures. 5 fr.

GRIMAUX. **Chimie inorganique élémentaire.** 7e édit., 1 vol.
in-18, avec figures. 5 fr.

HERBERT SPENCER. **Principes de biologie,** traduit de l'anglais par M. C. Gazelles. 2 vol. in-8. 20 fr.

HUXLEY. **La physiographie,** introduction à l'étude de la nature.
1 vol. in-8 avec 128 grav. et 2 pl. hors texte. 2e éd. 8 fr.

LUBBOCK. **Origines de la civilisation,** état primitif de l'homme
et mœurs des sauvages modernes, traduit de l'anglais. 3e édition. 1 vol. in-8, avec fig. Broché, 15 fr. — Relié. 18 fr.

LUBBOCK. **L'homme préhistorique.** 2 vol. in-8 avec 228 gravures dans le texte, cart. 12 fr.

PISANI (F.). **Traité pratique d'analyse chimique quali-
tative et quantitative,** à l'usage des laboratoires de chimie.
1 vol. in-12. 4e édit., augmentée d'un traité d'*analyse au cha-
lumeau.* 3 fr. 50

PISANI et DIRVELL. **La chimie du laboratoire.** 1 vol.
in-12, 2e éd. revue, avec grav. 4 fr.

THÉVENIN (E.). **Dictionnaire abrégé des sciences physi-
ques et naturelles,** revu par H. de Varigny. 1 volume in-18 de
630 pages, cartonné à l'anglaise. . . . . 5 fr.

BIBLIOTHÈQUE
D'HISTOIRE CONTEMPORAINE

Volumes in-18 à 3 fr. 50. — Volumes in-8 à 5, 7 et 12 francs. Cartonnage toile, 50 c. en plus par vol. in-18, 1 fr. par vol. in-8.

EUROPE

HISTOIRE DE L'EUROPE PENDANT LA RÉVOLUTION FRANÇAISE, par *H. de Sybel*. Traduit de l'allemand par Mlle Dosquet. 6 vol. in-8 . . 42 fr.
HISTOIRE DIPLOMATIQUE DE L'EUROPE, DE 1815 A 1878, par *Debidour*. 2 vol. in-8. . . . . 18 fr.

FRANCE

LA RÉVOLUTION FRANÇAISE, par *H. Carnot*. 1 vol. in-18. Nouv. édit. 3 50
HISTOIRE DE LA RESTAURATION, par *de Rochau*. 1 vol. in-18. . . . 3 50
HISTOIRE DE DIX ANS, par *Louis Blanc*. 5 vol. in-8. . . . . 25 »
HISTOIRE DE HUIT ANS (1840-1848), par *Elias Regnault*. 3 vol. in-18. 15 »
HISTOIRE DU SECOND EMPIRE (1848-1870), par *Taxile Delord*. 6 volumes in-8. . . . . 42 fr.
LA GUERRE DE 1870-1871, par *Boert*. 1 vol. in-18. . . . . 3 50
LA FRANCE POLITIQUE ET SOCIALE, par *Aug. Laugel*. 1 volume in-8. 5 fr.
LES COLONIES FRANÇAISES, par *P. Gaffarel*, 1 vol. in-8, 4e éd. . . 5 fr.
L'EXPANSION COLONIALE DE LA FRANCE, étude économique, politique et géographique sur les établissements français d'outre-mer, par *J.-L. de Lanessan*. 1 vol. in-8 avec 19 cartes hors texte. . . . . 12 fr.
L'INDO-CHINE FRANÇAISE, étude économique, politique et administrative sur *la Cochinchine, le Cambodge, l'Annam et le Tonkin* (médaille Dupleix de la Société de Géographie commerciale), par *J.-L. de Lanessan*. 1 vol. in-8, avec 5 cartes en couleurs. . . . . 15 fr.
L'ALGÉRIE, par *M. Wahl*. 1 vol. in-8, 2e édition. Ouvrage couronné par l'Institut. . . . . 5 fr.
L'EMPIRE D'ANNAM ET LES ANNAMITES, par *J. Silvestre*. 1 vol. in-18 avec carte. 3 50

ANGLETERRE

HISTOIRE GOUVERNEMENTALE DE L'ANGLETERRE, DEPUIS 1770 JUSQU'A 1830, par sir *G. Cornewal Lewis*. 1 vol. in-8, traduit de l'anglais . . . 7 fr.
HISTOIRE CONTEMPORAINE DE L'ANGLETERRE, depuis la mort de la reine Anne jusqu'à nos jours, par *H. Reynald*. 1 vol. in-18. 2e éd. . . 3 50
LES QUATRE GEORGES, par *Tackeray*. 1 vol. in-18. . . . . 3 50
LOMBART-STREET, le marché financier en Angleterre, par *W. Bagehot*. 1 vol. in-18. . . . . 3 50
LORD PALMERSTON ET LORD RUSSEL, par *Aug. Laugel*. 1 vol. in-18. 3 50
QUESTIONS CONSTITUTIONNELLES (1873-1878), par *E.-W. Gladston*, précédé d'une introduction par *Albert Gigot*. 1 vol. in-8. . . . . . 5 fr.

ALLEMAGNE

HISTOIRE DE LA PRUSSE, depuis la mort de Frédéric II jusqu'à la bataille de Sadowa, par *Eug. Véron*. 1 vol. in-18. 6e éd. revue par *Paul Bondois*. 3.50
HISTOIRE DE L'ALLEMAGNE, depuis la bataille de Sadowa jusqu'à nos jours, par *Eug. Véron*. 1 vol. in-18, 3e éd. continuée jusqu'en 1892, par *Paul Bondois*. 3 50
L'ALLEMAGNE ET LA RUSSIE AU XIXe SIÈCLE, par *Eug. Simon*, 1 vol. in-18. . . . . 3 50

AUTRICHE-HONGRIE

HISTOIRE DE L'AUTRICHE, depuis la mort de Marie-Thérèse jusqu'à nos jours, par *L. Asseline*. 1 vol. in-18. 3ᵉ éd. 3 50

ESPAGNE

HISTOIRE DE L'ESPAGNE, depuis la mort de Charles III jusqu'à nos jours, par *H. Reynald*. 1 vol. in-18 . . . . 3 50

RUSSIE

HISTOIRE CONTEMPORAINE DE LA RUSSIE, par *M. Créhange*. 1 vol. in-18 . . . . 3 50

SUISSE

HISTOIRE DU PEUPLE SUISSE, par *Daendliker*, précédée d'une Introduction par *Jules Favre*. 1 vol. in-18. . . . . 5 fr.

AMÉRIQUE

HISTOIRE DE L'AMÉRIQUE DU SUD, par *Alf. Deberle*. 1 vol. in-18. 2ᵉ éd. 3 50
LES ÉTATS-UNIS pendant la guerre, 1861-1864, par *A. Langel*. 1 vol. in-18. . . . . 3 50

ITALIE

HISTOIRE DE L'ITALIE, depuis 1815 jusqu'à la mort de Victor-Emmanuel, par *E. Sorin*. 1 vol. in-18 . . . . 3 50
BONAPARTE ET LES RÉPUBLIQUES ITALIENNES (1796-1799), par *P. Gaffarel*. 1 vol. in-8 . . . . 5 fr.

TURQUIE

LA TURQUIE ET L'HELLÉNISME CONTEMPORAIN, par *V. Bérard*. 1 vol. in-18. *Ouvrage couronné par l'Académie française*. 3 50

Jules Barni. HISTOIRE DES IDÉES MORALES ET POLITIQUES EN FRANCE AU XVIIIᵉ SIÈCLE. 2 vol. in-18, chaque volume 3 50
— LES MORALISTES FRANÇAIS AU XVIIIᵉ SIÈCLE. 1 vol. in-18. . . . 3 50
Émile Beaussire. LA GUERRE ÉTRANGÈRE ET LA GUERRE CIVILE. 1 vol. in-18. . . . . 3 50
E. de Laveleye. LE SOCIALISME CONTEMPORAIN. 1 volume in-18, 9ᵉ édition, augmentée. 3 50
E. Despois. LE VANDALISME RÉVOLUTIONNAIRE. 1 vol, in-18. 2ᵉ éd. 3 50
M. Pellet. VARIÉTÉS RÉVOLUTIONNAIRES, avec une Préface de *A. Ranc*. 3 vol. in-18, chaque vol. 3 50
Eug. Spuller. FIGURES DISPARUES, portraits contemporains, littéraires et politiques. 3 vol. in-18, chaque vol. 3 50
Eug. Spuller. HISTOIRE PARLEMENTAIRE DE LA DEUXIÈME RÉPUBLIQUE. 1 vol. in-18, 2ᵉ édit. 3 50
Eug. Spuller. L'ÉDUCATION DE LA DÉMOCRATIE. 1 vol. in-18... 3 50
Eug. Spuller. L'ÉVOLUTION POLITIQUE ET SOCIALE DE L'ÉGLISE. 1 vol. in-18. . . . . 3 50
J. Bourdeau. LE SOCIALISME ALLEMAND ET LE NIHILISME RUSSE. 1 vol. in-18. 2ᵉ édition. 3 50
G. Guéroult. LE CENTENAIRE DE 1789. Évolution politique, philosophique, artistique et scientifique de l'Europe depuis cent ans. 1 vol. in-18. . . . . 3 50
Clamageran. LA FRANCE RÉPUBLICAINE. 1 vol. in-18 . . . . 3 50
Aulard. LE CULTE DE LA RAISON ET LE CULTE DE L'ÊTRE SUPRÊME (1793-1794). Étude historique. 1 vol. in-18. . . . . 3 50
Aulard. ÉTUDES ET LEÇONS SUR LA RÉVOLUTION FRANÇAISE. 1 vol. in-18. . . . . 3 50
Joseph Reinach. PAGES RÉPUBLICAINES. 1 vol. in-18. . . . . 3 50
Hector Depasse. TRANSFORMATIONS SOCIALES. 1 vol. in-18 . . 3 50

BIBLIOTHÈQUE DE PHILOSOPHIE CONTEMPORAINE

109 VOLUMES IN-18.

Br., 2 fr. 50 ; cart. à l'angl., 3 fr. ; reliés, 4 fr.

H. Taine.

L'Idéalisme anglais, étude sur Carlyle.
Philosophie de l'art dans les Pays-Bas. 2ᵉ édition.
Philosophie de l'art en Grèce. 2ᵉ édit.

Paul Janet.

Le Matérialisme contemp. 5ᵉ édit.
Philosophie de la Révolution française. 5ᵉ édit.
Le Saint-Simonisme.
Origines du socialisme contemporain, 2ᵉ éd.
La philosophie de Lamennais.

Alaux.

Philosophie de M. Cousin.

Ad. Franck.

Philosophie du droit pénal. 3ᵉ édit.
Des rapports de la religion et de l'État. 2ᵉ édit.
La philosophie mystique en France au XVIIIᵉ siècle.

Beaussire.

Antécédents de l'hégélianisme dans la philosophie française.

Ed. Auber.

Philosophie de la médecine.

Charles de Rémusat.

Philosophie religieuse.

Charles Lévêque.

Le Spiritualisme dans l'art.
La Science de l'invisible.

Émile Saisset.

L'âme et la vie.
Critique et histoire de la philosophie (frag. et disc.).

Auguste Laugel.

L'Optique et les Arts.
Les problèmes de la nature.
Les problèmes de la vie.
Les problèmes de l'âme.

Albert Lemoine.

Le Vitalisme et l'Animisme.

Milsand.

L'Esthétique anglaise.

Schœbel.

Philosophie de la raison pure.

Jules Levallois.

Déisme et Christianisme.

Camille Selden.

La Musique en Allemagne.

Stuart Mill.

Auguste Comte et la philosophie positive. 4ᵉ édition.
L'Utilitarisme. 2ᵉ édition.

Mariano.

La Philosophie contemp. en Italie

Saigey.

La Physique moderne. 2ᵉ tirage.

E. Faivre.

De la variabilité des espèces.

Ernest Bersot.

Libre philosophie.

W. de Fonvielle.

L'astronomie moderne.

Herbert Spencer.

Classification des sciences. 4ᵉ édit.
L'individu contre l'État. 3ᵉ éd.

Gauckler.

Le Beau et son histoire.

Bertauld.

L'ordre social et l'ordre moral.
De la philosophie sociale.

Th. Ribot.

La philosophie de Schopenhauer. 5ᵉ édition.
Les maladies de la mémoire. 8ᵉ édit.
Les maladies de la volonté. 8ᵉ édit.
Les maladies de la personnalité. 5ᵉ éd.
La psychologie de l'attention. 2ᵉ éd.

E. de Hartmann.

La Religion de l'avenir. 2ᵉ édition.
Le Darwinisme. 3ᵉ édition.

Schopenhauer.

Le libre arbitre. 6ᵉ édition.
Le fondement de la morale. 4ᵉ édit.
Pensées et fragments. 11ᵉ édition.

Liard.

Les Logiciens anglais contemporains. 3ᵉ édition.
Les définitions géométriques et les définitions empiriques. 2ᵉ édit.

Marion.

J. Locke, sa vie, son œuvre. 2ᵉ édit.

O. Schmidt.

Les sciences naturelles et la philosophie de l'Inconscient.

Barthélemy-Saint Hilaire.
De la métaphysique.

A. Espinas.
Philosophie expérim. en Italie.

Conta.
Fondements de la métaphysique.

John Lubbock.
Le bonheur de vivre. 2 vol.

Maus.
La justice pénale.

P. Siciliani.
Psychogénie moderne.

Leopardi.
Opuscules et Pensées.

A. Lévy.
Morceaux choisis des philosophes allemands.

Roisel.
De la substance.

Zeller.
Christian Baur et l'école de Tubingue.

Stricker.
Du langage et de la musique.

Coste.
Les conditions sociales du bonheur et de la force. 3° édition.

Binet.
La psychologie du raisonnement.
Introduction à la psychologie expérimentale.

G. Ballet.
Langage intérieur et aphasie. 2° éd.

Mosso.
La peur.
La fatigue intellectuelle et physique.

Tarde.
La criminalité comparée. 3° éd.
Les transformations du droit. 2° éd.

Paulhan.
Les phénomènes affectifs.

Ch. Richet.
Psychologie générale. 2° éd.

Delbœuf.
Matière brute et mat. vivante.

Ch. Féré.
Sensation et mouvement.
Dégénérescence et criminalité. 2° éd.

Vianna de Lima.
L'homme selon le transformisme.

L. Arréat.
La morale dans le drame, l'épopée et le roman. 2° édition.
Mémoire et imagination (peintres, musiciens, poètes et orateurs).

De Roberty.
L'inconnaissable.
L'agnosticisme.
La recherche de l'Unité.
Auguste Comte et Herbert Spencer.

Bertrand.
La psychologie de l'effort

Guyau.
La genèse de l'idée de temps.

Lombroso.
L'anthropologie criminelle. 2° éd.
Nouvelles recherches de psychiatrie et d'anthropologie criminelle.
Les applications de l'anthropologie criminelle.

Tissié.
Les rêves, physiologie et pathologie.

Thamin.
Éducation et positivisme.

Sighèle.
La foule criminelle.

Ploger.
Le monde physique.

Queyrat.
L'imagination chez l'enfant.
L'abstraction, son rôle dans l'éducation intellectuelle.

G. Lyon.
La philosophie de Hobbes.

Wundt.
Hypnotisme et suggestion.

Fonsegrive.
La causalité efficiente.

Th. Ziegler.
La question sociale est une question morale. 2° éd.

Louis Bridel.
Le droit des femmes et le mariage.

G. Danville.
La psychologie de l'amour.

Gust. Le Bon.
Lois psychologiques de l'évolution des peuples.

G. Dumas.
Les états intellectuels dans la mélancolie.

E. Durkheim.
Les règles de la méthode sociologique.

P.-F. Thomas.
La suggestion, son rôle dans l'éducation intellectuelle.

Mario Pilo.
La psychologie du beau et de l'art.

152 VOLUMES IN-8.

Brochés à 5, 7 50 et 10 fr.; cart. angl., 1 fr. de plus par vol.; reliure, 2 fr.

Barni.

Morale dans la démocratie. 2º éd. 5 fr.

Agassiz.

De l'espèce et des classifications. 5 fr.

Stuart Mill.

La philosophie de Hamilton. 10 fr.
Mes mémoires.   5 fr.
Système de logique déductive et
  inductive. 3º édit. 2 vol.   20 fr.
Essais sur la Religion. 2º édit. 5 fr.

Herbert Spencer.

Les premiers principes.   10 fr.
Principes de psychologie. 2 vol. 20 fr.
Principes de biologie. 2 vol. 20 fr.
Principes de sociologie. 4 vol.
                              36 fr. 25
Essais sur le progrès. 5º éd. 7 fr. 50
Essais de politique. 3º éd.   7 fr. 50
Essais scientifiques. 2º éd.   7 fr. 50
De l'éducation physique, intellec-
  tuelle et morale. 10º édit.   5 fr.
Introduction à la science sociale.
  10º éd.   6 fr.
Les bases de la morale évolution-
  niste. 5º éd.   6 fr.

Collins.

Résumé de la philosophie de Herbert Spencer. 2º éd.   10 fr.

Auguste Laugel.

Les problèmes.   7 fr. 50

Émile Saigey.

Les sciences au XVIIº siècle. La
  physique de Voltaire.   5 fr.

Paul Janet.

Les causes finales. 3º édit.   10 fr.
Histoire de la science politique dans
  ses rapports avec la morale.
  3º édit. augm., 2 vol.   20 fr.
Victor Cousin et son œuvre. 7 fr. 50

Th. Ribot.

L'hérédité psychologique. 4º édition.   7 fr. 50
La psychologie anglaise contemporaine. 3º éd.   7 fr. 50
La psychologie allemande contemporaine. 2º éd.   7 fr. 50

Alf. Fouillée.

La liberté et le déterminisme.
  2º édit.   7 fr. 50
Critique des systèmes de morale
  contemporains. 3º éd.   7 fr. 50
La morale, l'art et la religion d'a-
  près M. Guyau. 2º éd.   3 fr. 75
L'avenir de la métaphysique fondée
  sur l'expérience.   5 fr.
L'évolutionnisme des idées-forces.
                               7 fr. 50
La psychologie des idées-forces.
  2 vol.   15 fr.

Bain (Alex.).

La logique inductive et déductive.
  2º édit.   20 fr.
Les sens et l'intelligence. 3º édit.
                               10 fr.
L'esprit et le corps. 5º édit. 6 fr.
La science de l'éducation. 7º éd. 6 fr.
Les émotions et la volonté.   10 fr.

Matthew Arnold.

La crise religieuse.   7 fr. 50

Flint.

La philosophie de l'histoire en Allemagne.   7 fr. 50

Liard.

La science positive et la métaphysique. 3º édit.   7 fr. 50
Descartes.   5 fr.

Guyau.

La morale anglaise contemporaine.
  3º éd.   7 fr. 50
Les problèmes de l'esthétique con-
  temporaine. 2º éd.   5 fr.
Esquisse d'une morale sans obli-
  gation ni sanction. 2º éd.   5 fr.
L'irréligion de l'avenir. 3º éd. 7 fr. 50
L'art au point de vue sociologique.
  2º éd.   7 fr. 50
Hérédité et éducation. 2º éd. 5 fr.

Huxley.

Hume, sa vie, sa philosophie. 5 fr.

E. Naville.

La logique de l'hypothèse. 2º éd. 5 fr.
La physique moderne. 2º édit. 5 fr.
La définition de la philosophie. 5 fr.

Et. Vacherot.

Essais de philosophie critique. 7 fr. 50
La religion. 7 fr. 50

Marion.

La solidarité morale. 3ᵉ édit. 5 fr.

Schopenhauer.

Aphorismes sur la sagesse dans la
vie. 4ᵉ édit. 5 fr.
La quadruple racine du principe
de la raison suffisante. 5 fr.
Le monde comme volonté et représentation. 3 vol. 22 fr. 50

James Sully.

Le pessimisme. 2ᵉ éd. 7 fr. 50

Buchner.

Science et nature. 2ᵉ édition. 7 fr. 50

Erger (V.).

La parole intérieure. 5 fr.

Louis Ferri.

La psychologie de l'association, depuis Hobbes. 7 fr. 50

Maudsley.

La pathologie de l'esprit. 10 fr.

Séailles.

Essai sur le génie dans l'art. 5 fr.

Ch. Richet.

L'homme et l'intelligence. 2ᵉ édit.
10 fr.

Preyer.

Éléments de physiologie. 5 fr.
L'âme de l'enfant. 10 fr.

Wundt.

Éléments de psychologie physiologique. 2 vol., avec fig. 20 fr.

Ad. Franck.

La philosophie du droit civil. 5 fr.

Clay.

L'alternative. Contribution à la psychologie. 2ᵉ éd. 10 fr.

Bernard Perez.

Les trois premières années de l'enfant. 5ᵉ édit. 5 fr.
L'enfant de trois à sept ans. 3ᵉ éd.
5 fr.
L'éducation morale dès le berceau.
2ᵉ édit. 5 fr.
L'art et la poésie chez l'enfant. 5 fr.
Le caractère, de l'enfant à l'homme.
5 fr.

Lombroso.

L'homme criminel. 10 fr.
Atlas pour accompagner L'homme
criminel. 12 fr.
L'homme de génie, avec 11 pl. 10 fr.
Le crime politique et les révolutions
(en collaboration avec M. Lascat).
2 vol. 15 fr.

Sergi.

La psychologie physiologique, avec
40 fig. 7 fr. 50

Ludov. Carrau.

La philosophie religieuse en Angleterre, depuis Locke. 5 fr.

Piderit.

La mimique et la physiognomonie,
avec 95 fig. 5 fr.

Fonsegrive.

Le libre arbitre, sa théorie, son
histoire. 10 fr.

Roberty (E. de).

L'ancienne et la nouvelle philosophie. 7 fr. 50
La philosophie du siècle. 5 fr.

Garofalo.

La criminologie. 3ᵉ édit. 7 fr. 50

G. Lyon.

L'idéalisme en Angleterre au XVIIIᵉ
siècle. 7 fr. 50

Souriau.

L'esthétique du mouvement. 5 fr.
La suggestion dans l'art. 5 fr.

Fr. Paulhan.

L'activité mentale et les éléments
de l'Esprit. 10 fr.
Les caractères. 5 fr.

Barthélemy-Saint Hilaire.

La philosophie dans ses rapports
avec les sciences et la religion. 5 fr.

Pierre Janet.

L'automatisme psychologique.
2ᵉ édit. 7 fr. 50

Bergson.

Essai sur les données immédiates
de la conscience. 3 fr. 75

E. de Laveleye.

De la propriété et de ses formes
primitives. 4ᵉ édit. 10 fr.
Le gouvernement dans la démocratie. 2ᵉ éd., 2 vol. 15 fr

Ricardou.

De l'idéal. 5 fr.

Sollier.

Psychologie de l'idiot et de l'im-
bécile. 5 fr.

Romanes.

L'évolution mentale chez l'homme.
7 fr. 50

Pillon.

L'année philosophique. 5 vol. 1890,
1891, 1892, 1893 et 1894. Chacun
séparément. 5 fr.

Rauh.

Le fondement métaphysique de la
morale. 5 fr.

Picavet.

Les idéologues. 10 fr.

Gurney, Myers et Podmore

Les hallucinations télépathiques.
2e éd. 7 fr. 50.

Jaurès.

De la réalité du monde sensible.
7 fr. 50

Arréat.

Psychologie du peintre. 5 fr.

L. Proal.

Le crime et la peine. 2e éd. 10 fr.
La criminalité politique. 5 fr.

G. Hirth.

Physiologie de l'art. 5 fr.

Dewaule.

Condillac et la psychologie anglaise
contemporaine. 5 fr.

Bourdon.

L'expression des émotions et des
tendances dans le langage. 5 fr.

L. Bourdeau.

Le problème de la mort. 7 fr. 50

Novicow.

Les luttes entre sociétés humaines.
10 fr.
Les gaspillages des sociétés modernes. 5 fr.

Durkheim.

De la division du travail social.
7 fr. 50

Payot.

L'éducation de la volonté. 2e édit.
5 fr.

Ch. Adam.

La philosophie en France (première
moitié du xixe siècle). 7 fr. 50

H. Oldenberg.

Le Bouddha, sa vie, sa doctrine,
sa communauté. 7 fr. 50

V. Delbos.

Le problème moral dans la philosophie de Spinoza et dans le Spi-
nozisme. 10 fr.

M. Blondel.

L'action, essai d'une critique de la
vie et d'une science de la pratique. 7 fr. 50

J. Pioger.

La vie et la pensée. 5 fr.
La vie sociale, la morale et le
progrès. 5 fr.

Max Nordau.

Dégénérescence. 2 vol. 17 fr. 50

P. Aubry.

La contagion du meurtre. 2e édit.
5 fr.

G. Milhaud.

Les conditions et les limites de la
certitude logique. 3 fr. 75

Brunschvicg.

Spinoza. 3 fr. 75

A. Godfernaux.

Le sentiment et la pensée. 5 fr.

Em. Boirac.

L'idée du phénomène. 5 fr.

L. Lévy-Bruhl.

La philosophie de Jacobi. 5 fr.

Fr. Martin.

La perception extérieure et la
science positive. 5 fr.

G. Ferrero.

Les lois psychologiques du symbolisme. 5 fr.

B. Conta.

Théorie de l'ondulation universelle.
3 fr. 75

G. Tarde.

La logique sociale. 7 fr. 50

G. de Greef.

Le transformisme social. 7 fr. 50

Crépieux-Jamin.

L'écriture et le caractère. 7 fr. 50

J. Izoulet.

La cité moderne. 10 fr.

Coulommiers. — Imp. PAUL BRODARD.

BIBLIOTHÈQUE DE PHILOSOPHIE CONTEMPORAINE

124 volumes in-18; chaque vol. broché : 2 fr. 50 c.

EXTRAIT DU CATALOGUE

www.ingramcontent.com/pod-product-compliance
Lightning Source LLC
Chambersburg PA
CBHW060025100426

42740CB00010B/1591